Mosaik
bei GOLDMANN

Buch

Endlich 40! Raus aus dem Frust und rein ins Vergnügen! Mit 40 haben Frauen alles, was sie brauchen, um das Leben zu genießen: einen eigenen Kopf, Lebenserfahrung, Power und ihren persönlichen Stil. Was vielen fehlt, ist der Mut – und den gibt's hier. Die Pubertät hat man hinter sich, und die besten Jahre können kommen: Minirock statt Faltencreme ist angesagt! Die moderne Hexe Maren von Pluta bringt ihre »Schwestern« mit zauberhaften Tipps zum Lachen, Leben und Lieben ohne Angst vorm Älterwerden. Ihr Geheimrezept für ewige Jugend ist eine große Portion Lebensfreude und Selbstbewusstsein.

Die Autorin verrät die besten natürlichen Tipps aus der Hexen-Küche für gesundes Haar, schöne Haut, den eigenen Stil, ein unwiderstehliches Lachen voller Energie und für das private und berufliche Glück in der besseren Lebenshälfte. Ihr frecher Ratgeber bringt Magie in den Alltag und bricht den Bann des allgegenwärtigen Jugendlichkeitswahns.

Autorin

Maren von Pluta war viele Jahre als Redakteurin bei der »Hamburger Morgenpost« und der »Für Sie« tätig. Heute schreibt sie für die Zeitschrift »Vital« über Gesundheits- und psychologische Themen. Die Autorin lebt und arbeitet in Hamburg und Sierksdorf.

Maren von Pluta

Auch Hexen werden 40

Die etwas intelligentere Art,
älter zu werden

Mosaik
bei GOLDMANN

Umwelthinweis:
Alle bedruckten Materialien dieses Taschenbuches
sind chlorfrei und umweltschonend.

1. Taschenbuchauflage
Vollständige Taschenbuchausgabe April 2004
Wilhelm Goldmann Verlag, München,
ein Unternehmen der Verlagsgruppe Random House GmbH

Umschlaggestaltung: Design Team München
Umschlagfoto: Tony Stone, München
Druck: GGP Media, Pößneck
Verlagsnummer: 16525
Kö/schl · Herstellung: Ina Hochbach
Printed in Germany
ISBN 3-442-16525-3
www.goldmann-verlag.de

Inhalt

Einführung 7

Die erwachsene Frau weiß, was sie an sich hat 9

Mit dem eigenen Trend gegen den Strom 11

Nur nicht das Gesicht verlieren 23

Leben zum Vergnügen statt sterben
für die Schönheit 29

Eine ehrliche Haut 31

Ein Dickkopf und keine Figur aus der Retorte 37

Wie eine Frau sich anzieht, so fühlt sie sich 44

Haarige Zeiten 51

Mit Erfahrung liebt sich's leichter 55

Wenn Frauen wissen, was sie wollen 63

Bange machen gilt nicht 79

Wann immer sie kommen:
Die Wechseljahre sind besser als ihr Ruf 88

Sieben hexische Regeln für den Wechsel 106

Auf dem Besen zum Höhenflug im Job 109
Von Handy-Männchen und gestandenen Frauen 127

Auf zu neuen Ufern 133
Oasen des Hexenlebens 144

Die Zukunft beginnt mit einer Vier 147
Bei sich ankommen 149

Die Autorin 155

Literatur 157

Einführung

Neulich traf ich auf der Straße eine alte Bekannte. Ihre rote Lockenmähne fiel ihr noch viel wilder um die Schultern als vor zwölf Jahren, als wir uns das letzte Mal gesehen hatten. Sie strahlte mich durch ihre extravagant geformte Brille an und erzählte mir, was sich in ihrem Leben gerade so tat.

Sie hatte sich kürzlich mit einer eigenen Agentur selbständig gemacht und schwärmte davon, dass ihr die Aufträge im Moment nur so zuflögen. Außerdem habe sie einen neuen Lover, der passenderweise wie sie Extremsportarten liebt. Die neue Liebe sah man in ihren leuchtenden Augen, der Extremsport zeigte sich an ihrem frischen Teint und dem durchtrainierten Körper. Dabei war sie früher alles andere als sportlich, liebesverwegen und top-erfolgreich gewesen. Eher die Hausfrau und Mutter mit zwei anstrengenden Kindern im Schlepptau. Was war passiert?

Sie hatte das schönste Alter erreicht, die so genannten mittleren Jahre. Zum richtigen Zeitpunkt hatte sie gemerkt, dass ihre Kinder nun losgelassen werden und ihre eigenen Wege gehen wollen. Ihrem Mann hatte sie bei der Gelegenheit gleich auch seinen eigenen Weg gezeigt – ohne sie. Dann hatte sie beginnen lassen, was sie das »Herzstück des Lebens« nennt: ihr Leben ab vierzig.

So wie sie wissen viele selbstbewusste Frauen um die vierzig heute, was sie an sich haben: eine Menge Erfahrungen und Fähigkeiten, wesentlich mehr Gelassenheit als mit Zwanzig – und einen Körper, in dem sie sich ohne Diktate wohl fühlen wollen. Sie können und wollen endlich in Ruhe Frau sein.

Dass sie dabei von Werbung, Medien und Schönheitsindustrie nicht in Ruhe gelassen werden, versteht sich von selbst. Schließlich lassen sich Frauen, die mit sich zufrieden sind, das Geld nicht so leicht aus der Tasche ziehen: für Faltencremes und Hormoncocktails, Giftspritzen und Anti-Aging-Kuren.

Dieses Buch soll Frauen dabei helfen, die Fallstricke und Fallgruben zu umgehen und die Tricks zu erkennen, mit deren Hilfe Marketingstrategen, Medienmacher und auch ihre persönliche Umwelt sie auf die Linie der angepassten Frau bringen wollen. Denn als »Hexen im Geiste« sollten gestandene Frauen wissen, wie sie es anpacken müssen, damit die anderen alt aussehen – diejenigen, die ihnen die Altersphobie einreden wollen.

Die erwachsene Frau weiß, was sie an sich hat

Morgens um sieben sehe ich auch
nicht aus wie Cindy Crawford.

Cindy Crawford

»Wenn sie das Alter für Models weiterhin so zügig senken, kriechen bald Babys im Krabbelalter über den Laufsteg«, kommentierte kürzlich eine Journalistin die Fotos der aktuellen Modenschauen im Hochglanz-Magazin. »Und Run-a-way sollte man nicht mehr mit Laufsteg übersetzen, sondern mit Zum-Weglaufen«, urteilte sie über die vorgestellten Kleidungsstücke.

In der Werbung für Herren-Business-Outfits sieht man zum Beispiel drei Männer verschworen blickend beisammen stehen: Zwei von ihnen sind Typen der Marke Global Player alias Global-Kräher (kaum den Windeln entwachsen, aber glauben, in der Weltwirtschafts-Liga mitreden zu können), der dritte ist ein forscher Manager Anfang vierzig.

Da würden Frauen sich in den »mittleren« Jahren ihres Lebens wünschen, es würde auch ab und zu ein altersmäßig gemischtes Frauentrio gezeigt. Aber sie wissen: Auf den Wünschen, die erwachsene Frauen an Werbung und Medien richten, lastet ein Fluch. Sie verkehren sich ins Gegenteil.

Doch zum Glück ist vielen Frauen um die Vierzig die Zielgruppen-Optimierung heute absolut schnuppe. Sie sind Individualistinnen und lassen sich in keine Schublade packen.

Und weil sie über den Dingen stehen, sind sie auch nicht geschockt, wenn ihnen an jeder Bus- und Bahnhaltestelle, an jeder Straßenecke aus Schaukästen ein Unterwäsche-Model kundtut: »Ich bin zwar noch nicht fünfzehn und meine Beine sind in der Computer-Bildbearbeitung gestreckt worden bis zum Anschlag. Aber ich bin die Schönste im ganzen Land. Und gegen mich bist du alt und hässlich.«

In früheren Jahrhunderten wurden Hexen mit Streckgeräten gefoltert, heute versucht man es mit Fotos aus dem Schauerkasten. Einen Körper wie jene auf den Plakatwänden zu haben ist anatomisch geradezu unmöglich. Da haben nicht nur Retuscheure, sondern meist auch plastische Chirurgen, Körpermaler, Haarteil-Spezialisten und Visagisten in Teamarbeit ein Wesen geschaffen, dem man nur schwer den Namen »Mensch«, es sei denn »Frau« geben kann.

In amerikanischen Spielfilmen lassen sich die Ergebnisse besonders wundersamer, für Normalsterbliche aber leider überhaupt nicht praktikabler Methoden bewundern: Die Hauptdarstellerin hat ihren Körper von einem Body-Double geliehen. Der Kopf ist der eigene – sieht man davon ab, dass sie sich eine neue Nase hat machen, die Falten hat wegspritzen und das Kinn hat abflachen lassen, dass sie Kontaktlinsen der Farbe Kornblumenblau trägt, künstliche Wimpern und eine blonde Perücke. Männer neigen, sind sie über das wahre Alter solcher Schauspielerinnen informiert, zu der Aussage. »Ist das nicht unglaublich? Die ist weit über Vierzig! Keine Falte! Und guck dir mal diesen Körper an.«

Bei so viel Ignoranz verschlägt es Frauen ab spätestens Mitte Dreißig die Sprache. Sie könnten diese dreisten Männer mit dem Traum von der Vierzehnjährigen an ihrer Seite aufklären, mit welch selbstzerstörerischen Methoden Frauen auch mit achtzig noch wie Barbie aussehen. Sollten sie trotz der Spritzen, Operationen, Silikonimplantate usw. jemals so alt werden. Aber die erfahrene Frau weiß, wie sensibel männliche Wesen sind, und schweigt.

Im Fernsehen bleibt nichts unversucht, um erwachsene Frauen zu verunsichern, ihnen zur Faltenphobie und zum Vierzigerfrust zu verhelfen: Im Morgenprogramm zwitschert im »Hotel Mama« eine junge Mutter das Loblied vom Jungsein und darauf, sooo große Kinder zu haben. In der Mittagssendung operiert eine approbierte Ärztin von etwa zweiundzwanzig Jahren gekonnt einen Schwerverletzten. Wahrscheinlich ist sie ein Wunderkind: mit elf Jahren Abitur, das Studium nachts im Fernkurs und tagsüber die Ausbildung zur Fachärztin absolviert.

Und am Abend lächelt die Nachrichtensprecherin mit zehn Falten weniger als vor sechs Wochen aus dem Kasten. Sie habe lediglich die Hautcreme gewechselt, ist den Zeitungen zu entnehmen, die natürlich darüber berichten. Tatsächlich aber hat sie etwas anderes gemacht: Urlaub in der Plastisch-Chirurgischen.

Mit dem eigenen Trend gegen den Strom

Heutzutage zählen für die Medien vor allem die Menschen, die auch dem Rattenfänger von Hameln hinterhergelaufen und auf seine verführerischen Melodien hereingefallen wären. Sprich: Frauen und Männer, die man noch richtig schön manipulieren kann. Die (noch) keine feste Meinung haben, wenn es um den Kauf von bestimmten Produkten geht. Sie lassen sich heute für Palazzo-Pizza begeistern und morgen für Pipi-Pizza. Sie schmeißen ihre gesamten Klamotten auf den Müll und kaufen neue. Viele würden sich auch Autoreifen unter die Füße schnallen, wenn es ihnen als trendy verkauft wird. Statt Bier zu trinken, das schmeckt, würgen sie ein Biersurrogat herunter, weil es blau oder grün ist.

Menschen, die eine eigene Meinung haben, die ihre Kaufgewohnheiten, ihre Lebenseinstellung und ihre Vorstellungen zu Ernährung, Kleidung oder Autokauf nicht auf Knopfdruck ändern, so sagen die Werber, seien für die Verlockungen der Werbung kaum empfänglich. Also wird alles getan, um sich die Rattenfänger-Opfer warm zu halten. Mit Hilfe von Fernsehprogrammen zum Beispiel, die für sie maßgeschneidert sind.

Die Personen, die sich nicht auf Knopfdruck beeinflussen lassen, würde man am liebsten vom Empfang der Fernsehprogramme ausschließen, ihnen die Fernbedienung wegnehmen. Wofür sind die überhaupt nutze, wenn sie nicht das konsumieren, was die Werbung ihnen andrehen will?

Wenn sich das Fernsehen – bis auf winzige Inseln für die Ausgeschlossenen – diesem Trend unterwirft, kann man sehr wohl von einem gesamtgesellschaftlichen Zusammenhang sprechen. In den Führungsetagen des öffentlich-rechtlichen Fernsehens sitzen Menschen, die hier Einfluss nehmen könnten. Was hört man stattdessen? Quote! Nur Sendungen mit hohen Einschaltquoten holen große Stücke vom Werbekuchen ins Haus des Senders. Und nicht nur die Quote bringt die Werbespots, sondern auch das Alter der TV-Konsumenten. Denn die nicht durch Werbung belehrbaren, die will man auch nicht ansprechen.

Menschen ab vierzig sind diese lästigen Typen mit den festgefahrenen Konsumgewohnheiten. Ab und zu setzt man diese Altersgrenze auch ein paar Jahre früher an. Und da Menschen sich, wenn Werbebilder sie ansprechen sollen, nur mit Personen identifizieren, die sehr viel jünger sind als sie selbst, müssen diese »Werbeträger« eben auch mindestens eine Dekade jünger als die Zuschauer sein. Das ist natürlich auch eine Erkenntnis der Werber. Und so senkt man in einem Zug das Alter der TV-Heldinnen und -Helden und das Niveau der Sendungen. Denn nur was richtig schön öde ist, bringt Quote.

Es muss natürlich lecker präsentiert werden: viele große Brüste, glatt gespritzte Gesichter, Luftkissen-Popos. Und da in dieser Welt des schönen Scheins nichts dem Zufall überlassen bleibt, ist auch bei den Schönen häufig nichts mehr übrig vom eigentlichen Aussehen. Auch der IQ spielt keine Rolle. Hauptsache ein dolles Baby à la Dolly ... Dass es kaum die einfachsten Sätze lispeln kann, ist – zum Beispiel in Talkshows – nicht wichtig. Nur das Äußere zählt, wird den Zuschauern eingehämmert. Und wenn es daran hapert, kann man Schönheit kaufen. Der Werbeblock bietet viele Anregungen für nutzlose Dinge.

Tatsache ist: Ein Großteil der Werbemacher will Werbung von Jungen für Junge anbieten. Die Zielgruppendiskussion schieben sie immer stärker in die Richtung, die ihnen beliebt: immer jünger, immer schöner, immer weiter weg von der Realität. Es könnten noch so viele Studien belegen, dass viele Menschen in den so genannten mittleren Jahren anders sind, als die Werber sie sehen wollen. Dass durch die Änderung der Alterspyramide ein Eingehen auf die mittlere Generation sinnvoll wäre – sie würden trotzdem auf Jugendwahn und Kinderkult beharren.

Und wenn es hart auf hart kommt und Kampagnen völlig an der Zielgruppe vorbeigehen: Was macht das schon? Das ist Schnee von gestern. Da soll man nicht so ein Geschrei machen. Die Leute sind uneinsichtig, verstehen die Message der Spots nicht, eben typische, in ihren Gewohnheiten festgefahrene Alte. So lautet immer noch der Tenor der Medienbosse.

Unter den TV-Machern gibt es genug Machos, die dem Trend zur TV-Kindfrau nicht gerade ablehnend gegenüberstehen. Bei jeder passenden und unpassenden Gelegenheit äußern sie, welch hohen Stellenwert für die Quote ein ausreichendes Angebot an »Frischfleisch« habe. Da der Medienzirkus jeden Tag tonnenweise »Material« sucht – und nicht immer die besten oder nicht genug wichtige Informationen vorrätig hat –, werden Äußerungen von TV- oder Kinobossen häufig als das wichtigste Wort des Tages verkauft.

Im deutschen Fernsehen gibt man zwar den so genannten reiferen Frauen durchaus einmal Hauptrollen, in denen diese zeigen können, was in ihnen steckt. Aber was sind schon eine oder zwei Sendungen in der Woche gegen die vielen Negativdarstellungen in den Billigproduktionen?

Besonders die Nebenrollen haben es in sich. »Die Frauen waren hier auch schon mal jünger«, sagt ein TV-Kommissar, als in einem Streifen eine Dame das Lokal betritt, in dem er seine zwanzig bis dreißig Feierabendbiere zu trinken pflegt. In einer Fernsehklinik beschwert sich ein Patient über die

»alte Zicke« vom Kiosk, die ihm eine Ware nicht verkaufen will. Es handelt sich um Zigaretten, der Patient hat Rauchverbot. Und während der Patient die »alte Zicke« beschimpft, wirft er der drallen Schwester S. einen bewundernden Blick zu. Die kommt gerade vorbei.

Ihr Kittel ist so konstruiert, dass man den Brustansatz sehen kann. Das weiße Mäntelchen endet zwei Hand breit überm Knie und ist vorn nur teilweise zugeknöpft. Die »alte Zicke« hat man mit Klamotten aus dem Sammelcontainer eingekleidet. Hier hat das Fernsehen tatsächlich mal gespart. Ihre Haare wurden nach hinten gezurrt wie bei einer Gefängnisinsassin, die man für die Verbrecherkartei fotografieren will.

Frauen ab vierzig bekommen – genau wie im Märchen – meist die Nebenrollen der Bösen, der Zicken, der Hässlichen. Und wenn sie heute aus Gründen des Zeitgeistes eigentlich nicht mehr in diese Rollen passen (wahrscheinlich auch nie hineingepasst haben), werden die Gemeinheiten so fein platziert, so raffiniert untergebracht, dass auf den ersten Blick gar nicht auffällt, welche Breitseite Frauen von vierzig aufwärts hier wieder mal verpasst wird. Unterschwellig aber zeigt so etwas Wirkung, nicht nur bei Frauen dieses Alters, auch bei allen anderen Fernsehzuschauern. Und in deren Köpfen festigt sich dann das Bild von der »alten Zicke«.

In der Welt der Zeitschriften-Macher läuft es nicht viel anders ab. Es gibt Verlage, die eher eine Zeitschrift für eine junge Zielgruppe wegen Erfolglosigkeit einstellen als ein noch Gewinn abwerfendes Blatt für Leserinnen der mittleren Generation fortführen. Dass man »jung« sein muss, wird hier ebenfalls folgendermaßen begründet: Große Stücke vom Anzeigenkuchen sind nur zu ergattern, wo die Werbung die altbekannten Rattenfänger-Opfer erreicht. Das hat dann zum Teil groteske Folgen.

Wer täglich im Fernsehen, in Zeitschriften, auf Plakaten seine kleine Gehirnwäsche bekommt, der, besser: die hat eines Tages unter Umständen ihren Minderwertigkeitskomplex oder ihre Vierzigerphobie. Dann haben die Therapeuten ihre große Chance.

»Sei mal nicht so empfindlich.« Das ist noch eine freundliche Art, einer Frau klarzumachen, dass die Auswüchse von Jugendwahn und Kinderkult sie nichts angehen. Sie sei zickig, bösartig, mache Dinge herunter, in die sie ihre Nase unberechtigt stecke. So wird häufiger argumentiert, wenn sie aufmuckt. Soll die Frau sich doch auch die Nase operieren lassen, dann muss sie sich nicht mehr über die Szenefrauen mit den Stupsnäschen von der Stange aufregen.

Alle richten sich heute nach der heiligen Kuh Quote, und da will ausgerechnet so eine »alte« Vierzigjährige Sonderwünsche anmelden! Solange im Namen der heiligen Kuh die Hälfte der Menschheit um Selbstbewusstsein, Selbstvertrauen, den Glauben an den eigenen Körper und den eigenen Kopf gebracht wird, ist das allerdings schon angebracht. Es geht schließlich um so etwas Lächerliches wie Menschenwürde. Die Würde des Menschen ist belastbar, aber nicht unbegrenzt. Auch ein Selbstbewusstsein, das in homöopathischer Dosierung traktiert wird – dafür aber mit schöner Regelmäßigkeit –, schwächelt eines Tages. Hilfen von außen sind nicht zu erwarten.

Also: Selbst ist die selbstbewusste Frau, selbst ist die Hexe. Bauen Sie sich Ihren persönlichen Schutzschild auf gegen die negativen Auswirkungen der Medienindustrie, indem Sie sich informieren über deren Mechanismen.

Zu Beginn meiner Laufbahn als Journalistin arbeitete ich an einer Reihe von Fotoproduktionen zum Thema »Kosmetik und Schönheit« für eine große Frauenzeitschrift mit. Beim ersten Foto-Shooting-Termin stellte ich morgens um neun, unerfahren wie ich war, die Frage: »Wann kommen die Models?«

Der Fotograf, seine beiden Assistenten, das Mädchen für alles, die Visagistinnen, die Friseure, die Stylistin – alle brüllten vor Lachen. Nur Catherine und Goldy schwiegen. Sie waren die Models. Zum Glück hatten sie meine Frage nicht verstanden, weil sie kein Deutsch sprachen. Ich hatte die beiden für das zweite oder dritte Mädchen für alles, eine Küchenhilfe oder eine weitere Assistentin gehalten.

Diese unscheinbaren Wesen sollten unsere Hochglanzproduktion über das definitiv tollste Frühjahrs-Make-up aller Zeiten schmücken? Die würde in der Bar oder in der Disco kein Mann angucken, und keine Frau würde die Fotos dieser grauen Mäuse in einer Zeitschrift sehen wollen, dachte ich bei mir. Ich überlegte, ob ich die Kollegin warnen sollte, die mich bei dieser Fotoproduktion anleitete. Wir würden zwanzigtausend Mark in den Sand setzen – soviel war für die Session veranschlagt. Kein Mensch würde die Fotos dieser Mädels drucken können. Wenn wir jetzt »Stopp« sagten, waren vielleicht nur zehntausend Mark futsch.

Zum Glück jedoch sagte ich nichts. Denn um ein Uhr mittags sahen die grauen Mäuse aus wie echte Glamour-Girls. Zwei Stunden schminken, da bleibt keine Pore unbehandelt, eine Stunde frisieren, die Farbtöne der Klamotten ganz präzise auf den Hautton, auf Haar- und Augenfarbe abgestimmt. Auf den Dias waren sie Halbgöttinnen. »Kommt klasse!« stellte mein Chef fest. »Sie machen jetzt die ganze Strecke ›Sommerschönheit‹. Sie wissen, was man aus den Dingen rausholen kann.« Ich hatte während dieser ersten Produktion so gut wie nichts getan, aber ich hatte eine wichtige Lektion gelernt.

Ein paar Jahre zuvor hatte ich über Schlager- und TV-Stars, Film- und Theaterschauspieler berichtet. Die meisten der Frauen, die ich damals interviewte, waren genauso jung wie ich. Ein Teil von ihnen verfügte aber bereits über eine »strapazierte« Haut, um nicht zu sagen: Das Thema »Falten« war ihnen nicht fremd.

Das strapaziöse Showbusiness (schminken bis zum Abwinken, zu viel Sonne, oft wenig Schlaf, Stress) hatte den Frauen vorzeitige Falten eingebracht. Heute haben diese Frauen allerdings weniger Falten als ich. Das wäre ihre Privatsache, würde man uns normal sterbliche Frauen nicht bei jeder Gelegenheit mit derartigen Vorbildern traktieren, sie als echte Schöne darstellen, und uns auf diese Weise Minderwertigkeitskomplexe einimpfen wollen.

Eine Frau, die sich davor schützen will, sieht hinter die Kulissen. Sie nimmt die Welt des schönen Scheins unter die Lupe, und wenn sie erst einmal weiß, wie dort getrickst wird, dann ist sie auch nicht mehr so empfänglich für das Virus »Minderwertigkeitskomplex« und kann den Spieß umdrehen.

Wenn Sie genug Freizeit zur Verfügung haben, warum gehen Sie nicht als Komparsin zum Film oder machen bei Fernsehproduktionen mit? Sie werden Gelegenheit haben, die Stars auch mal vor dem Großeinsatz der Maskenbildner und der Haarstylistin zu sehen. Sie werden mitbekommen, mit welchen Tricks etwas verknitterte Gesichter zum Strahlen gebracht werden.

Sie werden schließlich auch sehen, mit Hilfe welcher Beleuchtungs-Effekte und Kamera-Kniffe Schokoladen-Seiten erzeugt werden. Und Ihnen wird nicht verborgen bleiben, dass »aus Mittelmaß mach bildschön« und »aus jung mach alt« funktionieren wie geschmiert.

Wenn Sie es durchhalten, können Sie sich auch als Kandidatin in eine TV-Show wagen. In den Schminkräumen bekommt man allerlei Tricks serviert, kommt manch einem Schönheitsgeheimnis auf die Spur. Das sollte man dann allerdings als reine Information zum Thema »gemachte Schönheit« sehen.

Wenn Sie sowieso einen neuen Job suchen: Warum nicht einen in einer Filmfirma, einem Fernsehstudio, bei einem TV-Sender, in einem Zeitschriftenverlag, bei einem Produzenten eines Versandhaus-Kataloges? Wer sich durch ein Unternehmen für Zeitarbeitjobs vermitteln lässt: Versuchen Sie mal, in einem Fotostudio, bei einer Werbeagentur, an einem Theater tätig zu werden – und Sie wissen innerhalb weniger Wochen vieles über die Tricks der Schönen und der weniger Schönen.

Sie können aber auch bei einem Plastischen Chirurgen arbeiten (als Sekretärin oder Arzthelferin) und sehen, wie dort gelitten wird zum Zwecke des Schönwerdens – und dass das dann manchmal ganz schön schief gehen kann.

Wer ganz mutig ist und den Wiedereinstieg in den Beruf plant, kann sich um ein Praktikum in einer dieser Branchen bemühen – und aus den Reaktionen auf die Bewerbungen erkennen, wie erwachsene Frauen dort eingeschätzt werden. Diese Erfahrung braucht sicher nicht jede.

Es gilt: Frauen, die sich mit der Branche vertraut machen, sind weniger empfänglich für die Vorbilder, mit deren Hilfe die Welt des schönen Scheins sie traktieren will.

Wenn eine einzige selbstbewusste Frau sich bei einem TV-Sender beschwert, weil eine Sendung Frauen ab vierzig extrem negativ dargestellt hat, mag das wenig Wirkung zeigen. Schicken aber hundert ihrer versammelten Freundinnen, Kolleginnen und anderer Hexen jeweils eine rote Karte an die TV-Anstalt, kann dies schon Auswirkungen haben.

Also: solidarisieren! Das lässt sich sogar noch ausweiten. Sie diskutieren in einer Gruppe – oder mit der Frauenbeauftragten in Ihrem Ort – die Inhalte bestimmter Serien. Missfällt Ihnen etwas gründlich, kann das zum Beispiel Thema einer öffentlichen Veranstaltung dieses Kreises sein. Dazu laden Sie die örtlichen Medien ein. Selbst wenn lediglich zwei Anzeigenblätter darüber berichten, haben Sie die Öffentlichkeit erreicht. Der Medienzirkus sucht ständig nach Stoff – warum sollte das nicht dazu führen, dass der Bericht über Ihre Medienschelte vom Anzeigenblatt in ein überregionales Blatt wandert?

Sehen Sie Videos, in denen Frauen Mut gemacht wird, anstatt sich die TV-Sendungen anzutun, mit deren Hilfe Sie zum Duckmäuschen gemacht werden sollen. Die Mutmach-Videos leihen Sie aus an gleichgesinnte Frauen.

Dies gilt auch für Bücher. Es gibt eine wahre Bücherschwemme: Literatur von Frauen für Frauen. Suchen Sie Bücher aus, die Frauen Mut machen und sie unterstützen – und reichen Sie diese weiter an ihre Freundinnen.

Überlegen Sie: Brauchen Sie drei TV-Geräte im Haus? Können Sie vielleicht Ihr TV-Gerät komplett abmelden, wenn Sie zum Beispiel allein leben, aber sich regelmäßig bei Ihrem Partner aufhalten und dort fernsehen könnten? Dahinter steckt die Überlegung: Soll man für etwas viel Geld zahlen, das sich in vielen Fällen gegen die eigenen Interessen richtet?

Für Abonnements von Zeitschriften gilt: Wenn ein Blatt Sie durch seine Berichterstattung eher deprimiert als aufbaut, sollten Sie überlegen, ob Sie es wirklich lesen müssen.

Nur nicht das Gesicht verlieren

Lieber mit einem kleinen Busen glücklich
als durch einen künstlich vergrößerten krank.

Christine, 40, Sekretärin

»My home is my castle« – dies mag ja für viele noch zutreffen. Aber der Spruch »Mein Körper gehört mir« stimmt für die meisten Frauen heute leider nicht. Wenn Frauen in Eigenregie mit ihm umgehen würden, wie sollten dann die Schönheitschirurgen und -farmen, die Kosmetiksalons, Beauty-Oasen, Pillenhersteller und die Hairstyling-Industrie ihren Reibach machen? Wenn Frauen auf derart praktische Ideen kommen, wie Cremes für die Haut für Pfennigbeträge selbst anzurühren oder gespaltene Haarspitzen einfach abzuschneiden, anstatt sie mit höllisch teuren, aber nur selten wirksamen Kuren zu traktieren, wer soll dann noch daran verdienen?

Gerade den Frauen ab vierzig müssen angeblich Profis helfen, wenn es um Haut, Haare, Figur und Frisur geht, Profis für das Krisenmanagement. Aber leider zeigen sich einige widerspenstige Frauen wenig einsichtig. Denen wird regelmäßig ein wahres Katastrophenszenario angedroht für den Fall, dass sie nicht Unmengen von Produkten zum Vorbeugen gegen Schönheitsschäden kaufen, keine superteuren Diätpillen zum Verhindern eines Kilos Übergewicht anschaffen, sich nicht in die Hände von häufig selbst ernannten Experten begeben zum Zwecke der Haut-, Körper- und Haarpflege.

Das Gesicht einer Frau hat heutzutage so glatt zu sein, dass ein Kinderpopo im Vergleich dazu eine Kraterlandschaft ist. Und die Spaßgesellschaft droht mit Ausschluss, wenn eine Frau zum Beispiel Fältchen um die Augenpartie herum nicht ganz schnell beseitigen lässt.

Bei Lachfältchen hört der Spaß auf! Die Haut so glatt zu zaubern, dass die Finger darauf ausrutschen, wenn man sie berührt, ist nur mit Hilfe starker Geschütze möglich, zum Beispiel mit einer Waffe, die im Ersten Weltkrieg eingesetzt wurde: Botulinum toxin. Dabei handelt es sich um ein Nervengift, mit dem damals unzählige Menschen »kampfunfähig« gemacht wurden. Heute lassen sich Frauen damit lahm legen. Oder besser: ihre Muskeln, vornehmlich die der Stirn, damit diese keine Falten mehr werfen.

Die Kriegszeiten sind vorbei, aber im Jahr 2001 werden Frauen zum Kampf gegen den eigenen Körper aufgerufen. Man hetzt sie morgens auf die Waage. Zeigt diese 300 Gramm mehr an als am Tag zuvor, dann ist das der erste Hinweis: dramatisches Übergewicht droht. Ab vierzig setzen sich die Pfunde fest, vervielfachen sich dann so rasch, dass eine Frau beobachten kann, wie sie wachsen – und sie gehen nie mehr weg. Nach Aussage der Verunsicherer.

Also: sofort eine Kur mit dem Schlankheitsmittel aus der TV-Werbung machen, eine Zeitschrift kaufen, in der eine angeblich garantiert wirksame Diät vorgestellt wird, eine Körperfettwaage beschaffen, mit deren Hilfe eine Frau unterscheiden kann: Hat mir das Fett oder der Körper die 300 Gramm eingebracht? Und natürlich ins Fitnessstudio, den Waschbrett-Bauch in Angriff nehmen – und Magersucht und Knochenschwund gleich dazu.

Oder die Frage beim morgendlichen Blick in den Spiegel: »Spieglein, Spieglein an der Wand, wer ist die Faltenfreieste im ganzen Land?« Damit die Frau auch ständig neue Munition bekommt für den Kampf gegen ihren Körper, werden ihr überall Durchhalteparolen vor die Nase gehalten: Von Litfaßsäulen, in Zeitschriften, im Fernsehen, in Schaukästen, allüberall strahlen Frauen mit Gesichtern, glatt wie die von Wachspuppen. Models, Schauspielerinnen, Sängerinnen, die Geliebte der Saison des hochstapelnden TV-Millionärs, alle blicken sie mit cooler Überlegenheit von oben herab. Wollen sie die normalen Frauen ins Mauseloch hetzen oder zum Schönheitschirurgen oder in die Beautykabine zur Intensivbehandlung?

Die Wahl zwischen diesen Möglichkeiten bleibt ihnen immerhin noch. Aber wer verkriecht sich in einer Gesellschaft gnadenloser Selbstdarstellung und Zurschaustellung schon freiwillig? Schließlich meinen es die Glamourmädels doch nur gut. Sie wissen, wie es geht, und dieses Wissen wollen sie gern weitergeben. Schönheit ist nämlich weitgehend machbar, lautet die Botschaft.

Eine Frau muss ein paar Grundvoraussetzungen mitbringen, dann können Chirurgie und Ersatzteillager-Industrie sowie die richtige Spritz- und Schweißtechnik unglaublich viel aus ihr machen. Und die Medien können gar nicht genug bekommen von derartigen Kunstwerken. Eine Frau muss dann nur noch im richtigen Moment und am richtigen Ort (gut macht sich ein Abstellraum oder eine Besenkammer) Sex mit einem Prominenten haben, dann steht einer Medienkarriere nicht mehr viel im Wege.

Das Aussehen – es muss ja nicht das angeborene sein – ist die einzige Zugangsvoraussetzung zu den völlig neuen Jobs, die durch die Medienindustrie entstanden sind: Containerinsassin, Party-Rumreich-Girl, Promi-Klammeraffe, Besenkammer-Nummern-Girl, TV-Pleite-Millionärs-Jägerin sind Jobs, die unsere Spaßvogel-Gesellschaft erst möglich macht. Nicht einmal Manieren muss eine Anwärterin mitbringen. Auf den Events, auf denen sie rumhängt, wird Fingerfood gereicht, man schlürft Champagner und konsumiert Koks. Mit den Fingern essen kann jede, schlürfen ebenfalls, der Rest ist Ansichtssache.

Wer heute via Aussehen Karriere machen will, der überlässt nichts dem Zufall. Und so entstehen dann die Schönen ohne Macht über den eigenen Körper. Sie sind abhängig vom Können der Hairstylisten, der Visagisten, der Designer, der Plastischen Chirurgen, der Masseure. Sie sind abhängig von der Gnade der Fotografen, der Regisseure, der Drehbuchautoren, der Kameraleute, der Beleuchter, der Computer-Retuscheure.

Wenn die sie nicht ins rechte Licht rücken, kommt die ganze Lüge heraus: Die angeblichen Top-Frauen haben nicht mal eine einzige Schokoladenseite. Bevor so ein wandelndes Kunstobjekt sich in die Öffentlichkeit wagt, hat es schon zwei bis drei Stunden Eigen- und Fremdarbeit am Körper hinter sich. Und wenn dann jemand die Frau hinter der Fassade erkennt, ist er unter Umständen enttäuscht: »Auf Fotos sieht die besser aus.« Ja, Weichzeichner und Computer-Retuscheure kann eine Frau nicht mitnehmen zum Einkaufsbummel.

Für Models zählt die Zeit des Schminkens, Frisierens, Die-Figur-ins-rechte-Licht-Rückens zur regulären Arbeitszeit. Wie soll eine Frau, die um acht im Job sein muss, zwei bis drei Stunden für die Schönheitspflege abknapsen? Indem sie um halb fünf aufsteht – und dann wegen Schlafmangels blaue Schatten unter den Augen hat? Andererseits: Der Frau ab vierzig wird schon klargemacht, dass sie einiges investieren muss, wenn sie top bleiben will. Die Medien-Maschinerie sorgt schon dafür, dass sie auf dem Laufenden bleibt über die neuesten Hits für noch mehr Schönheit.

Oft wird das zwar mit einer gewissen Häme getan: »Neuer Busen für B. Ein Schönheitschirurg hat ihn geformt«, steht dann in einer großen deutschen Tageszeitung. Sie hat es für K. getan, erfahren wir. Das ist weibliche Liebe 2001: einen neuen Busen, eine neue Nase, neue Kniegelenke für den Mann der Träume machen lassen.

Die ein wenig ironisch klingenden Worte hebt das Blatt durch die Vorher-Nachher-Fotos von B.'s Busen wieder auf. Der »alte« Busen ist aus einer wenig günstigen Position heraus aufgenommen worden. Jemand muss der Dame eine Kamera unter die Achsel gehalten haben. So abgelichtet, wirkt kaum eine Brust besonders prall. Für das Nachher-Foto wurde von oben ins Dekolleté geblitzt. Einen stützenden Wonder-Bra, der das Ganze zusätzlich nach oben presst, trägt die Dame offenbar auch noch. Also – da muss ja die Masse zustande kommen.

Was denkt ein Mann, wenn er eine Frau mit einem Doppel-Whopper-Busen im Bett hat – einer Brust, in die man ein Vergrößerungskissen gepackt hat? Macht es Spaß, ein Kochsalzkissen zu küssen oder an einer Silikoneinlage zu knabbern? Macht er das Licht aus, damit er nicht so genau hingucken muss? Ist er blind für Tatsachen? Oder sind seine Gefühle jenen ähnlich, die eine Frau überkommen, wenn sie sich das erste Mal einem Mann mit einem per Operation verlängerten Penis gegenübersieht? Man hat an das kleine Original ein Stückchen drangenäht. In den USA ist das heute schon ein beliebter Eingriff. »Und wenn das angenähte Stück nun abreißt? Wenn es stecken bleibt – welcher Facharzt ist dann zuständig?« Das sind Fragen, auf die Frauen sich in Zukunft einstellen sollten.

Fakt ist jetzt schon: Bei bestimmten Brustoperationen können Nervenverbindungen zur Brustwarze gekappt werden (die Warze wird für die Dauer des Eingriffs gelöst). Dadurch kann es passieren, dass das Lustzentrum Brustwarze nicht mehr auf sexuelle Reize reagiert. Der Partner kann an ihnen rumspielen, so viel er auch will – er entlockt der Doppel-Whopper-Frau keine leidenschaftlichen Gefühle mehr. Aber vielleicht wird Liebe bald ohnehin virtuell erledigt, da zählt sowieso nur noch das Äußere. Wer will da noch so rückständig sein, den Brustwarzen Gefühle entlocken zu wollen? Wir können uns auf eine »Schöne neue Welt« einrichten.

Auch die Zornesfalte, die sich zeigt, wenn eine Frau sauer ist, kann nämlich bald der Vergangenheit angehören, ebenso das Stirnrunzeln. Wie bereits erwähnt, kann man hier eine Substanz spritzen, die die Muskeln in der Stirn- und in der Augenregion lähmt. Folge: Zorn ohne Falten, Stirn ohne Runzeln. Der Vorgang des Spritzens muss alles sechs Monate wiederholt werden.

Fett lässt sich absaugen, also können sowohl die prallen Oberschenkel als auch ein Gramm Fett am Bauch der Vergangenheit angehören. Gerade beim Fettabsaugen tobt ein harter Konkurrenzkampf unter Fachärzten unterschiedlicher Richtungen. Immer mehr Dermatologen führen den

Eingriff durch, wobei die Plastischen Chirurgen kritisieren, diese machten es oft nicht korrekt. Die Dermatologen wiederum behaupten, dass die Plastischen Chirurgen sie zu Unrecht in die Pfanne hauen.

Der Kampf um die Patientinnen – denn genau dazu wird eine Frau gemacht, die nur schön sein will – findet natürlich auch statt, weil die Ärzte sich nach zusätzlichen Einnahmequellen umsehen müssen. Die Behandlung der echten Kranken wirft nicht mehr genug ab. Also muss den Frauen durch positive Vorbilder anderer Frauen (»Ich hab es getan!«) bis hin zu der versteckten Drohung (»Wenn du so bleibst, wie du bist, dann sorgen wir dafür, dass du bald weg bist vom Fenster.«) klargemacht werden, dass ein paar Schnitte für die Schönheit doch wirklich nicht zuviel verlangt sind. Aber Achtung: Beim Fettabsaugen ist es durch Embolien schon zu Todesfällen gekommen.

Leben zum Vergnügen statt sterben für die Schönheit

Aufgeklärte Frauen von heute leben nicht nach dem Motto »Sterben für die Schönheit«, sondern plädieren für ein »Leben zum Vergnügen«. Sie verlieren auch nicht gern ihr Gesicht – in zweifacher Hinsicht. Sie bewahren Contenance, stehen über den Dingen, haben ihr Leben im Griff, sie lassen sich nicht bloßstellen, sich von ihren Mitmenschen nichts einreden oder aufschwatzen.

Und weil sie auch in der heutigen Zeit ihr Gesicht behalten möchten, begeben sie sich eher ungern unter das Messer eines Schönheitschirurgen. Sie könnten nach der Behandlung mit einem Gesicht von der Stange herumlaufen, zum Klon – oder zum Clown – werden, ganz wie man will: Stupsnase, Schmollmund, Wangenpolster – alles aus dem Katalog für Dutzendware.

Hexen aber sind Unikate. Sie verspritzen auch lieber selbst Gift, als dass sie es sich zum Zwecke der Schönheit spritzen lassen. Der verbalen Giftspritze bedienen sie sich gelegentlich, allerdings nur, wenn man sie allzu sehr reizt. Wenn zum Beispiel eine Plastikpuppe aus der Horror-Schnippel-Schönheits-Show sich ihnen in den Weg stellt, sie überheblich und arrogant angrinst – soweit die lahm gelegten Lachmuskeln das zulassen – und dabei den Busen herausstreckt, als würde sie den anderen Frauen ein Maßband in die Hand drücken wollen: »Miss mal, es sind zwanzig Zentimeter mehr als vorher.«

Dann tauschen hexische Frauen schon einmal ein paar Bemerkungen aus. »War die schon mal im Sarg? Ist die wieder auferstanden und läuft nun mit der Totenmaske herum?« Oder: »Steht diese Frau normalerweise im Wachsfigurenkabinett und hat heute ihren freien Tag?« Oder sie merken mitfühlend an: »Der arme Mann, wenn der morgens neben dieser Leichenmaske aufwacht und noch nicht ganz bei sich ist, denkt er bestimmt, er hat eine Tote neben sich.«

Eine Hexe zu sein heißt für die Frau von heute, unabhängig, selbstbestimmt, freiheitsliebend, eben eine echte Individualistin zu sein. Deshalb steht sie auch dem zweiten Gesicht skeptisch gegenüber, das von fremder Hand gezaubert, gemalt, herbeigetrickst und -geleuchtet wird. Sie lässt an ihren Körper zwar ein wenig mehr als Wasser und eine bestimmte

Seife, aber vor zu viel fremder Hilfe beim Verschönern ihres Äußeren schreckt sie zurück.

Wenn es ums Spaßhaben, ums Vergnügen geht, braucht sie für diesen Zweck keine Kriegsbemalung aus dritter Hand, keine Verjüngungsampullen und keine chirurgisch erzeugte Kindlichkeit. Spaß ist nicht vom Alter abhängig.

Viele der heutigen Vierzigjährigen haben durch ihr Talent, die Weiterentwicklung ihrer Fähigkeiten, durch eine fundierte Ausbildung, durch Wissen und Erfahrung den beruflichen Zenit erreicht. Sie können auch aus einem ganz besonderen Grund froh darüber sein: Wer soviel erreicht hat, wird kaum bereit sein, in die Niederungen einer Besenkammer oder in den Container abzusteigen. Und wenn ihnen Frauen als die Schönsten im ganzen Land untergejubelt werden sollen, an denen außer ihrem Namen (und häufig ist das auch noch ein Künstlername) kaum etwas echt ist, winken sie ab. Hexen kaufen keine Mogelpackungen. Sie lassen sich nicht für dumm verkaufen.

Eine ehrliche Haut

Schon bei schulpflichtigen Kindern spricht man nicht mehr von babyweicher Haut. Das Leben ist ein Vorwärtsstreben, ein sich Fortentwickeln. Es gibt keinen Stillstand, keinen Rückschritt. Der Mensch entwickelt sich weiter. Dazu gehören körperliche Veränderungen. Diese laufen aber nicht bei allen Frauen gleich ab.

Die Haut ist ein gutes Beispiel dafür. Die altersbedingte Veränderung ist in den Genen verankert. Das bedeutet: Einige Frauen haben in einem bestimmten Alter eine tolle Haut, während andere mit Problemen zu kämpfen haben. Ob die Haut trocken ist, ob sie recht früh Fältchen zeigt – das ist zum Teil anlagebedingt. Ein straffes Bindegewebe (ein Garant für weniger Probleme mit der Haut) zählt zu diesen natürlichen Anlagen.

Deshalb sollten sich Frauen nicht einreden lassen, dass ihre Haut an ihrem vierzigsten Geburtstag schlagartig zum Pflegefall der Stufe III wird. Mit dieser Drohung lassen sich Cremes, Lotionen, Gesichtsmasken, Ampullen für eine bestimmte »Problemgruppe« prima verkaufen. Frauen werden geradezu darauf getrimmt, nun mehr Zeit zu Hause im Badezimmer, im Kosmetik-, im Permanent-Make-up-Studio, auf Schönheitsfarmen oder in schönheitschirurgischen Praxen zu verbringen. Ihnen soll klargemacht werden, dass die Pflege der Haut und des Körpers nun zu einer wichtigen Aufgabe wird, neben der sie kaum noch einen Vollzeitjob schaffen.

Kaufen Sie auch nicht die Mogelpackung, in der sämtliche möglichen Veränderungen der Haut bei Frauen von Ende dreißig bis achtzig zusammengepackt, mit dem Stempel »ab vierzig« versehen und so verkauft werden, als würden ab dem vierzigsten Geburtstag sämtliche Probleme sofort auftreten.

Hier ein Kurzabriss der Katastrophen, mit denen Frauen Angst gemacht wird: Teenies haben Akne und unreine Haut, bei Frauen ab fünfundzwanzig zeigen sich Mimikfalten, in der Schwangerschaft kann es zu Pigmentflecken und zu Schwangerschaftsstreifen kommen. Ungefähr ab vierzig Jahren verringert sich die Teilung der Zellen in stärkerem Ausmaß. Das Unterhautfettgewebe nimmt ab, dadurch wird weniger Feuchtigkeit gespeichert.

In Wirklichkeit zeigen sich die Folgen der Wechseljahre erst sehr viel später, wenn die Produktion des Hormons Östrogen ziemlich »im Keller« ist – noch nicht bei Frauen, die ihren vierzigsten Geburtstag feiern. Erst später nimmt die Dicke der Haut ab. Erst im höheren Lebensalter wird die Haut wirklich dünner, treten ausgeprägte Falten auf.

Ob Ihre Haut gesund aussieht, hat mit den genetischen Gegebenheiten, dem Lebensalter sowie mit der Lebensweise zu tun. Gesunde Ernährung, viel Bewegung, frische Luft, der richtige Umgang mit Stress, viel trinken – das ist Gold für die Haut. Zuviel UV-Licht (echte und künstliche Sonne im Übermaß), Rauchen, Alkohol, Bewegungsmangel, Stress einfach nur »hinzunehmen«, falsche Ernährung sind Gift für Sie.

Wenn Sie fünfmal am Tag eine Portion Obst oder Gemüse essen, anderthalb bis zwei Liter trinken (möglichst Mineralwasser und Kräuter- und Früchtetees), wenn Sie an die frische Luft gehen, wann immer Sie Zeit haben, ist schon viel für die Haut getan. Ideale Sportarten für Frauen sind Spazierengehen, Walking, Jogging, Rad fahren, Schwimmen, Skilanglauf. Die bringen nicht nur viel für die Haut, sondern stärken in Form eines Ausdauertrainings Herz und Kreislauf.

Viele Frauen um die vierzig wissen um diese Selbsthilfemöglichkeiten für die Haut. Deshalb müssen Marketingexperten sich schon sehr anstrengen, wenn sie ihnen ein zierliches Töpfchen andrehen wollen, in dem drei Teelöffel Creme in einer überdimensionalen Verpackung versteckt sind. Das ganze zu einem horrenden Preis, versteht sich. Wenn Frauen herkömmliche, »einfache« Cremes verwenden, dann machen sie immer öfter Wirksamkeitstests. Die als Hexen bezeichneten heilkundigen Frauen haben in früheren Jahrhunderten ihre Heil- und andere Kräuter auch überprüft und sie nicht einfach auf die Haut geschmiert oder geschluckt.

Bevor Sie eine Creme kaufen, besorgen Sie sich Proben, unter Umständen in unterschiedlichen Parfümerien, Drogerien und Kaufhäusern der Stadt. Wer mutig ist, der trägt die Creme auf eine Gesichtshälfte auf, um zu testen, ob sich dort was tut. Die andere Hälfte bekommt einfach nur die bisherige Tages- oder Nachtcreme, etwa vier Wochen lang. Wenn sich vorher etwas ändern sollte: gut.

Frauen, die ein wenig ängstlich sind, machen den Cremetest während eines Urlaubs auf dem Bauernhof oder im abgelegenen Haus am See, wo sie nicht allzu viele Leute zu Gesicht bekommen. Meist sind die Befürchtungen allerdings unbegründet. Der Unterschied zwischen Test- und Nichttestgesichtshälfte ist oft nicht so beträchtlich, dass es außer der Testperson überhaupt einem Menschen auffallen würde.

Wer wenig Zeit für Selbstversuche hat, informiert sich über die Ergebnisse professioneller Überprüfer. Die Stiftung Warentest oder auch die Zeitschrift Ökotest setzen sich regelmäßig mit der Wirksamkeit von Hautcremes und anderen Hautpflegeprodukten auseinander.

Zu den Hormonpräparaten in den Wechseljahren, die ja oft als Jungbrunnen besonders für die Haut gepriesen werden, sei gesagt: Sie beeinflussen lediglich den Collagengehalt der Haut. Der nimmt, wie eine Untersuchung ergab, im Laufe einer Testphase im Durchschnitt um sechs Prozent zu. Die Hormone wirken nicht auf die Muskeln, die Konturen (die sich ja im Laufe des Lebens ebenfalls verändern). Das wird in den Lobeshymnen oft nicht deutlich gesagt. Also: ein Jungbrunnen mit eher tröpfelnder Wirkung.

Die Hexen genannten weisen Frauen haben über Jahrhunderte hinweg mit Kräutern und Pflanzen experimentiert. Warum probieren Sie nicht einfach einmal aus, ob die Ihrer Haut gut tun? Cremes können Sie entweder selbst anrühren (Zutaten und Anleitungen gibt es in Apotheken, Öko-Drogerien und zum Teil auch in Bioläden) oder Sie kaufen dort gleich fertige Bio-Pflegeprodukte.

Auf den Inhaltsstoffen des Iriswurzelstocks basieren zum Beispiel die Weleda-Produkte für die Gesichtspflege, auf Wundklee die von Dr. Hauschka. Letztere Firma bietet auch Rosen- und Quittencreme an.

Süßholzwurzel, Nachtkerzenöl und Sanddornöl enthalten die Hautprodukte von Laverna , Mandelöl und Orangenblütenextrakt die von Annemarie Börlind. All diese Produkte sind in Reformhäusern, Apotheken oder Naturkostläden erhältlich.

Ein Dickkopf und keine Figur aus der Retorte

Ich habe lange von einer imponierenden, starken Frau geträumt, für die ich meine Sachen entwerfen möchte. Irgendwann ist mir aufgegangen, dass ich selbst zu dieser Frau geworden bin.

Louise R., Modemacherin

Es fing damit an, dass meine Kollegin Giselle jammerte: »Mir fallen die Haare aus.« »Das kann an der Jahreszeit liegen, Haarausfall ist oft saisonbedingt. Frühling und Herbst sind die Spitzenzeiten«, beruhigte ich sie. »Und jetzt im Oktober kann es schon mal sein, dass dir verstärkt Haare ausfallen.«

Aber Giselle wollte von mir wissen, ob ich ihr ein Präparat empfehlen könne. »Dir sind doch früher auch schon mal ein paar Haare ausgefallen, und du hast nicht gleich etwas dagegen getan«, protestierte ich. »Das geht vorbei, warte ein paar Wochen.« »Früher war das ja auch anders«, meuterte sie. »Aber jetzt bin ich 42. Die Hormone ...«

Eine Woche später war Giselles wunderschönes, lockiges, üppig über die Schultern fallendes Haar einer Kurzhaarfrisur gewichen. Hatte ihr jemand einen Hut über die Ohren gestülpt und die Pracht im gnadenlosen Rundschnitt auf Kinnlänge gestutzt? Auch die Fülle und die Locken waren auf der Strecke geblieben. Hatte etwa jemand die Unverschämtheit besessen, die Krause herauszuziehen?

Ich äußerte mich sehr zurückhaltend zu dieser Veränderung, beschloss allerdings, Giselle in der nächsten stressarmen Phase zu ermuntern, sich die Haare wieder wachsen zu lassen. Aber die Fülle, die Pracht, die in weit mehr als zehn Jahren gewachsen war, die würde sie wohl nicht mehr erreichen, ganz gleich, was sie probierte.

Eine Woche darauf war von Giselles praktischem Rundschnitt nichts mehr zu sehen. Er wurde von einem Topfhut bedeckt. Ich hätte meine Kollegin gar nicht erkannt, wenn sie nicht durch wahnsinniges Gehupe auf sich aufmerksam gemacht hätte. Giselle saß am Steuer eines Autos jener Marke, die meist nur Personen fahren, die sich krampfhaft am Lenkrad festhalten, während der Fahrt Hut oder Mütze tragen und fürs Einparken viel Platz brauchen.

Eine Woche zuvor war sie mit ihrem Rennrad in den Verlag gekommen. Sie hatte enge, mindestens zweifarbige Radlerhosen, ein figurbetontes Shirt, eine überdimensionale Brille mit rosa getönten Gläsern getragen und damit – zumindest was das Outfit betrifft – manchen Fahrradkurier um Längen geschlagen.

Als Giselle nun aus diesem Auto stieg, baumelte eine Lesebrille an einem Kettchen vor ihrer Brust. Die Brille brauchte sie doch im Auto nie und nimmer! Sie befand sich in ihrer Heimatstadt, in einem ihr vertrauten Viertel, und musste folglich keine Straßenkarten identifizieren. Aber – noch schlimmer – sie trug einen Faltenrock, nicht etwa einen Mini im Schottenkaro, sondern das Modell Gouvernante, sich auszeichnend durch keinerlei Körperbetonung und eine Handbreit über dem Knöchel endend. Diese Rocklänge bringt jedes Bein auf Stampferformat. Dazu hatte Giselle ein Bettjäckchen in einem verwaschenen Braunton gewählt. »Es ist ein Twinset«, sagte Giselle, die meinen Blick wohl bemerkt hatte.

»Wo ist das Rennrad?«, fragte ich. »Ich habe es verkauft. Es ist nicht mehr zeitgemäß. Ich meine, es passt nicht mehr zu meinem Alter.« Giselle hatte in den letzten Wochen Zeit gefunden, sich mit Vorschriften zum Thema »Frau ab vierzig« zu befassen. Der Verlag, für den sie als Lektorin tätig gewesen war, hatte im Sommer eine Buchreihe eingestellt. Man hatte Giselle »freigesetzt«, und die hatte die Freizeit, die sie ungewollt zur Verfügung hatte, für eine Rundum-Information genutzt und war dabei auch an Tipps von vorgestern geraten.

Entlassungen können also neben den bekannten Folgen noch weitere Dramen nach sich ziehen. Wäre Giselle im Job voll eingespannt gewesen, hätte sie weiterhin ihr Rennrad benutzt, die Radlerhosen getragen, die rosa Brille aufgesetzt. Nun war sie innerhalb von zwei Wochen zehn Jahre älter geworden. »Ich werde nie mehr einen festen Job finden, ich darf höchstens bei euch mal aushelfen«, jammerte sie, nachdem sie das Auto, das die Wohnzimmer-Couch ersetzt, endlich in eine Parklücke bugsiert hatte und wir auf den Verlag zustrebten. Sie benötigte viel Platz zum Einparken und war anscheinend im Geiste auf dem Weg zu der Frau, die eine umhäkelte Toilettenrolle vor die Heckscheibe stellt.

So findest du garantiert keinen Job, dachte ich. Wir müssten erst deinen Hut in den Altkleider-Container stecken und das Rennrad zurückkaufen. Wie wir das mit den Haaren hinkriegen, weiß ich allerdings noch nicht. Doch, vielleicht eine Baseballkappe drauf. Ich sagte: »Denk nicht so negativ. Lass uns mal überlegen.« »Ich nehme jetzt Hormone«, sagte Giselle. »Ich will schließlich jung bleiben.« »Aber du hast doch noch regelmäßig deine Periode. Du brauchst keine«, protestierte ich. »Du bist jung, aber du lässt dich alt machen. Vergiss endlich den Quatsch mit den Faltenröcken!«

Experten sind zwar etwas zurückhaltender geworden und raten nicht mehr jeder Frau, sich zu ihrem vierzigsten Geburtstag die Haare kurz schneiden zu lassen und ein Twinset zu kaufen. Doch Benimm-Ratgeber empfehlen Frauen ab dreißig auch heute noch (ich schwöre, es kürzlich noch gelesen zu haben), bei einer Einladung aufs Land nicht in Jeans aufzukreuzen, sondern in einem schlichten Rock. Jeans seien für junge Mädchen geeignet.

Was macht dann die Frau ab vierzig? Reist in Ganzkörper-Verhüllung aufs Land und verschreckt mit ihrem Aufzug die Pferde? Lehnt sie die Einladung ab, weil sie mit dem Klamottenknigge nicht klarkommt? Diese Welt bietet angeblich unbegrenzte Möglichkeiten. Die vielen feinen Nadelstiche, mit denen Frauen traktiert werden, wenn sie sich nicht in eine Altersgruppen-Schublade packen lassen, werden jedoch großzügig ignoriert. Aber echte Hexen schlagen den Trends ein Schnippchen und stellen eigene Regeln auf.

Zugegeben, auch selbstbewusste Frauen setzen sich ab und zu mit einer solchen Frage auseinander: »Warum ist dieser Mann ausgerechnet mit einer Frau zusammen, die diese Barockfigur hat?« Die Wissenschaft gibt da beflissen Auskunft – und haut der Frau von vierzig natürlich auch gleich eins auf die Mütze. Männer finden Frauen mit einer ganz schmalen Taille, dafür aber ausladenden Hüften toll, sagt sie. Deren Busen hat dann oft automatisch eine nicht zu verachtende Größe. Kurzum, das Modell Sanduhr ist gefragt. Es signalisiert optimale Fruchtbarkeit, Gebärfreudigkeit, Weiblichkeit – sagt die Wissenschaft.

Im Laufe des Lebens ändert sich die Uhr – oder die Urform der Frau. Die Taille nimmt an Zentimetern zu, die Hüfte bleibt zwar lange Zeit konstant, der Busen kann sogar ein wenig zulegen, in der Bauchregion allerdings kann sich eine Abkehr vom Waschbrettformat abzeichnen. Aber das Entscheidende: Die Taille ist nicht mehr das, was sie mal war – und damit kommen Männer nicht klar. Diese Wanderung der Pfunde – wir haben es geahnt – beginnt bei Frauen ab etwa vierzig Jahren sichtbar zu werden. Der Körper einer Frau kann proper sein, aber die Männer haben halt die Sanduhr im Kopf.

Frauen mit angekratztem Selbstbewusstsein starten dann schon mal die Aktion »Rette die Taille«. Sie machen eine Eieruhr-Diät und Gymnastikübungen für eine schlanke Taille, sie strampeln sich im Fitnessstudio ab, um ihre Körpermitte nicht zu verlieren. Dort fällt ihnen dann ein Exemplar der Bild-Zeitung vom Dezember 2000 in die Hände, in der gefragt wird: »Wo sind die Taillen geblieben?« Das würden sie auch gern wissen, also lesen sie und erfahren: Es gibt keine Taillen mehr.

Innerhalb einer Frauengeneration ist die Taille verschwunden. Sophia Loren, Jane Mansfield, Marilyn Monroe, Ursula Andress – sie alle hatten Wespentaillen, einen Superbusen und ausladende Hüften. Mariah Carey, Liz Hurley, Spice Girl Mel B., Giselle Bündchen haben kaum noch Taillen, stellt Bild fest. »Die weibliche Figur wird immer männlicher! Durchschnittlich haben Frauen in den letzten Jahrzehnten zehn Zentimeter an Taillenumfang zugelegt«, erklärt ein Experte. Ist die schlanke Taille also gar nicht der Schlüssel zum sexuellen Erfolg?

Da kann die Wissenschaft natürlich nicht schweigen. Erste Ergebnisse aus neuen Forschungen deuten darauf hin: Nicht das Verhältnis von Taille zu Hüfte macht die sexuelle Attraktivität einer Frau aus, sondern der Body Mass Index (BMI): Körpergewicht in Kilogramm geteilt durch das Quadrat der Körpergröße (Körpergröße in Meter multipliziert mit der Körpergröße in Meter). Ein BMI unter 18 steht für starkes Untergewicht (19: leichtes Untergewicht), ein Body Mass Index von 19 bis 25 für normales, 25 bis 30 bedeutet leichtes bis mittleres Übergewicht, über 30 starkes Übergewicht. Frauen mit einem BMI von 20 und etwas darüber finden bei Männern den größten Anklang.

Eine kanadische Studie ergab: Siebzig Prozent der Frauen, die in den letzten zwanzig Jahren im Playboy als Playmate des Monats zu sehen waren, hatten Untergewicht. Acht von zehn Models hatten weniger als 85 Prozent des für sie sinnvollen Normalgewichts. Der BMI der Frauen lag im Schnitt bei 18,1. Folglich entsprechen die Ausklapp-Girls gar nicht dem Ideal der Traumfrau eines Mannes.

Doch Frauen sollten sich nicht zu früh freuen. Ihr Body Mass Index mag stimmen, aber Männer orientieren sich nach anderen neuen Erkenntnissen an ganz etwas anderem. Sie entscheiden frei nach Nase, ob eine Frau zu ihnen passt oder nicht. Die Pheromene, spezielle Duftstoffe, die eher unangenehm riechen und zum Glück unterhalb unserer Geruchswahrnehmung liegen, machen es möglich.

Partner erschnüffeln gegenseitig, ob sie den Richtigen vor sich haben (also auch noch eine Art von Gleichberechtigung). Das hat die Natur wohlweislich so eingerichtet. Sie will vermeiden, dass Menschen mit ähnlichem Immunsystem zueinander finden. Das bedeutet nämlich auch: Ähnlichkeit der genetischen Systeme, und dies könnte negative Folgen für den Nachwuchs haben – bis hin zu genetischen Schäden. Also ziehen unbewusste Wahrnehmungen von Düften den Menschen zu der oder dem Richtigen hin.

Diese Forschung steckt zwar erst in den Anfängen, aber nun ist klar, warum die absolut umwerfende Blondine im Häuserblock nebenan in den letzten zwei Jahren drei Partnerschaften hatte – und die längste davon drei Wochen dauerte: Man kann sie nicht riechen.

Die Modenschau zum Zwecke des Anlockens eines Partners sehen viele Frauen nun auch mit anderen Augen: *dressed to kill* gilt nicht mehr. Männer mit Hilfe ihrer Aufmachung umzuhauen war aber ohnehin nie eine Spezialität selbstbewusster Frauen. Auch *dressed for the moment* können wir nun wohl vergessen. Eine Frau kann in einer Kittelschürze daherkommen – wenn die unterschwellig wahrgenommenen Düfte einen Mann umhauen, haben Lady Haute Couture und Lady Superfigur keine Chance gegen sie.

Die toughen Frauen wissen eh schon lange, dass man mit Hilfe des Zentimetermaßes keinen Mann fesseln kann. Daher stehen sie den Diätwellen, den Kalorien-Spartabellen, dem Schlankheitswahn, den Abspeckprogrammen kritisch gegenüber. Sie stehen lieber zu ihrem eigenen Körper, als sich einen stromlinienförmig verbogenen, mit Diät und Fitnessfolter vom Zeit-Ungeist auf Magersucht getrimmten zuzulegen. (Die Zunahme an Gewicht, die viele Frauen später, nach dem Ende der Wechseljahre, häufig angeblich aus heiterem Himmel trifft, ist ohnehin eher auf das Essen aus Frust zurückzuführen.)

Das Ideal »schlanker, dürrer, schmaler« gräbt sich irgendwann sein eigenes Grab. Magersucht kann in der akuten Phase Unfruchtbarkeit zur Folge haben, weil der Eisprung ausbleibt und folglich keine Schwangerschaft möglich ist. Eine Spätfolge davon kann Osteoporose sein, denn in der Zeit des Untergewichts werden die Knochen nicht ausreichend mit Nährstoffen versorgt. Dies kann dazu führen, dass zu wenig Knochenmasse aufgebaut wird. Magersucht kann zum Tod durch Verhungern führen.

Vergessen Sie Schnell-Schlank-Packs, Diätpillen, Abnehmdrinks, Ausschwemmtabletten, Kalorientabellen. In Ihren Regalen sollten sich keine Zeitschriften mit Diätvorschriften stapeln, genauso wenig, wie Sie Foltergeräte für schlanke Taillen und schmale Schenkel brauchen. Nutzen Sie lieber Kräuter, die Wasser aus dem Körper schwemmen (z.B. Schachtelhalm). Verwenden Sie Löwenzahn, Kresse und Brennnessel zum Entschlacken. Und: Wer sich von Obst, Gemüse, Vollkornprodukten, mageren Milchprodukten ernährt, mäßig Fisch, wenig Fleisch isst, selten Kuchen, Cracker und Süßigkeiten nascht, wer oft Sport treibt – bei dem haben die Pfunde ohnehin wenig Chancen.

Wie eine Frau sich anzieht, so fühlt sie sich

Kleidung ist ein anderes Thema. Einkaufsviertel gleichen heutzutage häufig Boutiquengettos: Für das Überleben eines Menschen relativ wichtige Geschäfte wie Bäckereien, Apotheken, Obst- und Gemüseläden gibt es hier nicht. Der Zeitungs- und Getränkehändler, die Drogerie, das Stehkaffee sind auch schon fortgezogen. Aber Klamotten werden hier in einer Menge angeboten, als würde die gesamte europäische Produktion einer Saison nur dort verkauft.

Kürzlich erzählte mir meine Freundin Judith von ihrem letzten Einkaufstrip in einer solchen Straße. Die müssen freundlich sein, sonst gehen die Pleite inmitten all der Konkurrenz, dachte sie, bevor sie die ausgewählte Boutique betrat. Ob sie das blaue Kostüm mal in Größe 40 probieren könne, fragte sie, das da rechts im Fenster. Die Verkäuferin sah sie an, als hätte sie einen unsittlichen Antrag bekommen. Sie rollte ihre mit Kajal, einem Kilo Eye-shadow bemalten, von künstlichen Wimpern umrahmten Augen gen Himmel, kaute weiter auf ihrem Bubble-Gum herum, kam im Zeitlupentempo hinter dem Verkaufstresen hervor und sah aus, als würde sie jeden Moment einschlafen.

Dann rang sie sich einen Laut ab: »34.« »Wie bitte?« fragte meine Freundin und wusste einen Moment nicht, ob sie sich verhört hatte. »Das ist 34«, sagte die Kaugummi Kauende und schlug das dichte Buschwerk ihrer Wimpern wieder vielsagend nach oben. Dann rief sie in Richtung der hinteren Räume: »Da will eine das Blaue von Esmeralda. Das haben wir doch nicht in Übergrößen, oder …?«

In der Dienstleistungswüste Deutschland werden Kunden selten gut bedient, sondern sind häufig bedient, wenn sie eine Einkaufstortur hinter sich haben. Der deutsche Bekleidungseinzelhandel aber ist die Sahelzone der Dienstleistungswüste – zumindest dann, wenn eine Frau ab vierzig eine Boutique betritt, in der eine junge Verkäuferin gelangweilt herumsteht.

Den ganzen Tag über nichts zu tun und nun auch noch so eine Alte! Die Mädels setzen im Job offenbar ihre privaten

Aktivitäten fort: In der Disko machen sie das Outfit anderer Frauen madig, auf der Party feinden sie Frauen an, weil ihnen deren Nase, deren Frisur oder der Taillenumfang nicht passen. Aber für diesen Kampf hätten sie gern Sparringspartnerinnen aus ihrer eigenen Altersgruppe. Alles andere soll bitte ganz schnell aus ihrem Blickfeld verschwinden – also: raus aus dem Laden.

Der eben bereits erwähnten Freundin von mir schickte ein Edelladen regelmäßig Hochglanz-Prospekte ins Haus, lud sie zu den Modenschauen der Saison ein, zu Sonderverkäufen außer der Reihe. Sie sei ihre Vorzugskundin, teilten sie ihr per Prospekt mit, ihr verrieten sie sogar, wenn bestimmte Modelle im Preis runtergesetzt werden, bevor der Geschäftsführer es erfahre. Kein Wunder, dass sie Judith so verhätschelten: Sie hatten vor einigen Jahren Einnahmen in nicht unbeträchtlicher Höhe durch sie gehabt.

Nach Jahren bzw. einer ebenfalls in Unfreundlichkeit des Personals begründeten Pause – betritt sie mal wieder den Laden. »Ich möchte die weißen Sportschuhe von Unützer probieren, die mit den weißen Streifen«, sagt sie. »Sie?! Die!?« Einer mandeläugigen Schönen sieht man an, was sie denkt: »Warum immer ich?« Meine Freundin hat den Laden verlassen und schriftlich darum gebeten, ihren Briefkasten nicht mehr mit Hochglanzprospekten voll zu stopfen.

Nun braucht man Klamotten ja nicht nur in geringen Maßen zum Überleben. Ich habe meine Kostüme, Kleider, Röcke, Hosen, Pullover, Blusen und Bermudas in den letzten Jahren häufiger getragen als eigentlich vorgesehen, ich habe sie regelrecht aufgetragen, statt mir immer neue zu kaufen. Was war geschehen?

Es war gelungen, eine leidenschaftliche Käuferin wie mich aus den Innenstädten zu vertreiben. Ich war nach Ansicht einiger Freundinnen auf besten Weg gewesen, mich dem Kaufrausch hinzugeben. Die beste Therapie dagegen war auch die eben am Beispiel meiner Freundin Judith beschriebene »Möge-die-Frau-sich-in-Luft-auflösen-Taktik« der Verkäuferinnen in den Boutiquen. Irgendwann war Schluss mit dem sich anbahnenden Kaufrausch.

900 Mark für eine Klamotte hinlegen? Im Einkauf hatte das Geschäft 150 Mark dafür bezahlt! 750 Mark in acht Minuten kassieren und die Zahlende noch fertig machen – wo gibt es denn so etwas. Bei uns, in der Dienstleistungswüste, und zwar häufiger als gedacht. Ich mied fortan die Boutiquenmeilen – und siehe da, meinem Leben fehlte nichts.

Das Ende meiner Kauflust hat aber noch eine andere Ursache. Ich blätterte Zeitschriften durch, sah die Fotos der neuen Modelle aus Paris, Mailand oder London, und immer seltener kam der Wunsch auf: »Das möchte ich auch haben.« Da lag zum Beispiel eine Jugendliche im Gras, die starke Ähnlichkeit mit einer Heroinleiche hatte, und sollte mir Lust auf den Kauf eines spaßigen Kinderkleides machen. Die Designer trafen meinen Geschmack nicht mehr – oder besser: Sie wollten ihn nicht mehr treffen.

Sie machen Mode für Kids, sie bewerben Mode mit Kids, sie wollen sie möglichst von Kids an Kids verkaufen lassen. Sollen sie es doch tun. Ich spare viel Geld, ich habe Spaß, wenn ich nun besondere Wege gehe bei der Beschaffung von Kleidungsstücken, wenn ich an besonderen Plätzen auf der Suche bin nach Kleidungsstücken, die zu mir passen.

Natürlich müssen Sie nicht, nur weil ein spezieller Geburtstag ins Haus steht, Ihre gesamte Garderobe in den Sammelcontainer für die Kleidersammlung geben. Auch wenn hin und wieder noch versucht wird, eine Einteilung nach Dekaden vorzunehmen nach dem Motto: »Das passt zur Frau ab zwanzig, das zur Frau ab dreißig, das zur Frau ab vierzig«, halten diese Regeln oft nicht, was sie versprechen. Wenn zum Beispiel gesagt wird: »Beige ist die Idealfarbe der Frau in den mittleren Jahren. Es schmeichelt dem Teint«, dann sollte man antworten: »Beige kann die ideale Farbe sein auf dem Wege zum Neutrum, zu dem Frauen in der Lebensmitte gemacht werden sollen.«

Knallige Farben harmonieren nicht immer optimal mit dem Teint. Das heißt nun aber nicht: farblos forever. Die Gesichtshaut wirkt zwar etwas blasser und fahler, wenn ihr ein giftgrüner oder schreiend orangefarbener Kragen zu nahe kommt. Das ist aber kein Grund zur Panik. Auch Frauen im Alter von fünfundzwanzig oder dreißig Jahren wissen, dass bestimmte Farbtöne ihrer Haut keinen Frischekick geben, sondern sie grau und blass wirken lassen. Und wenn Knalltöne der Haut einer Frau nicht schmeicheln, dann muss sie lediglich dafür sorgen, dass sie ihr nicht zu sehr auf die Pelle rücken, also ihre Leuchtkraft nicht gerade in der Nähe des Gesichts entfalten. Starke Farbtöne können aber durchaus im Muster eines Rocks auftreten oder in einem Kleid mit großem Dekolleté – wenn ein pastellfarbener Schal als Puffer zwischen Gesicht und Kleid fungiert.

Und wenn Sie mal eine Klamotte in einem krassen Farbton tragen und die nicht zu Ihrem Hautton passt – ob Sie nun fünfunddreißig oder fünfundvierzig sind –, dann entsteht dadurch weder ein kurzfristiger noch ein langfristiger Schaden. Eines Tages entdeckt man selbst: »Puderfarbe wäre besser gewesen als Pink«, und dann ist man eher bereit zu handeln, als wenn man – häufig viel zu früh – mit Vorschriften eingedeckt wird.

Für enge Röcke gilt: Frauen, die über eine schlanke Bauchpartie verfügen, sollen sie anziehen, wenn sie sie mögen. Oder: Bäuchlein abtrainieren beziehungsweise sich für weitere Röcke entscheiden. Röcke und Kleider, deren Länge über dem Knie endet, sollten Sie nicht ausmustern. Auch wenn man Ihnen ab und an etwas von »kniebedeckt ist optimal« erzählen will.

Wenn Sie glauben – zum Beispiel im Job – in etwas längeren Modellen auftreten zu müssen: Shorts sind auch kurz, der Sommer ist lang, und am Strand gelten andere Bekleidungsregeln. Mit vierzig haben nur sehr wenige Frauen faltige Knie oder schlaffe Unterarme. Deshalb sollten sie den Anregungen zum Abdecken dieser angeblichen Problemzonen auch kritisch gegenüberstehen. Die Zeit mag kommen, aber sehr viel später. Und selbst dann ist die Frage: Was ist Ihnen wichtiger: die persönliche Freiheit oder sich dem Diktat des Gefallens zu unterwerfen?

Viele Frauen mögen zwar wenig Lust verspüren, sich mit den Girlies in den Boutiquen herumzuplagen, die ihre Ware vor ihnen schützen wollen. Sie sollten Boutiquen und Designershops aber nicht komplett meiden, sondern sie zu Informationszwecken benutzen und nicht, um dort ein Vermögen auszugeben. Werden Sie zum Trendscout der besonderen Art. Gehen Sie zu Beginn der Saison durch die führenden

Läden der Stadt und spähen Sie die vorherrschenden Modetrends aus.

Welche der neuen Kombinationen sind für Sie geeignet? Welche Schuhe empfehlen die Spitzenhäuser dazu, welche Halstücher? Welche Blusen und Pullover kombiniert man mit den neuen Hosen mit den dreiviertellangen Beinen? Welche Mützen trägt man zu den Jacken im Trench-Stil? Informieren Sie sich mit Spaß an der Sache über die Frage: »Wie zaubert man in dieser Saison ein hexengemäßes Outfit, das die Individualität der Trägerin betont, aber gleichzeitig trendy ist?«

Seien Sie kreativ. Sie werden merken: Sie können verdammt erfinderisch werden, wenn Sie nicht das bekommen, was Sie wollen. Es gibt aber auch andere Möglichkeiten als die Tour durch die Läden.

Forsten Sie Ihren Bekannten- und Freundeskreis durch: Gibt es da eine Schneiderin oder Hobby-Selbstnäherin, vielleicht gar eine Designerin, die Sie für Ihre Zwecke einspannen können? Warum sollte die keine Kleidungsstücke für Sie und unter Umständen auch für Ihre Freundinnen entwerfen beziehungsweise nähen? Derartige Initiativen können sich sogar zu Profi-Unternehmen entwickeln. So entdeckte ich in einem Versandhauskatalog eine Bekleidungs- und Pflegeserie speziell für junge Mütter – entworfen von drei Frauen, denen nicht zugesagt hatte, was auf diesem Sektor angeboten wurde. Sie entwarfen eigene Modelle für sich und für ihre Kids und bieten sie nun im Versandhandel an.

Hobbymäßige Schneiderinnen finden Sie auch über die Tauschringe, in denen Dienstleistungen mit Dienstleistungen vergolten werden. Inzwischen gibt es allein in Deutschland rund zweihundert dieser Initiativen.

Zieht es Sie in die Verkaufstempel der Innenstädte, obwohl Sie wissen, dass dort Arroganz, kombiniert mit Unwissenheit, Qualitätsmangel und Spitzenpreisen zu Hause sind, dann rächen Sie sich an einer Verkaufskraft, sobald sie Ihnen dumm kommt – und ärgern Sie sich nicht über sie.

Auch hier sind Hexen kreativ. Passt beim Bikini-Oberteil oder beim BH- und Slip-Ensemble zum Beispiel oben Größe M und unten L: gnadenlos die für Sie optimale Kombination zusammenstellen und die nicht mehr zusammenpassende Ware im Laden zurücklassen. Kommt Ihnen eine Verkaufs-Verhinderungs-Kraft richtig pampig, dann wird ein starker Spruch abgefeuert, dann machen Sie Ihrem Unmut Luft.

Führen Sie mit Hilfe Ihrer Freundinnen rote Listen. Das heißt: Nach jedem Einkaufsbummel wird aufgelistet, was wo passiert ist. Es wird notiert, wie das Personal sich verhalten hat. Es wird geschildert, was sich im Einzelnen abgespielt hat. So können Sie die Erfahrungen anderer nutzen. Ein Haus, das zu viele rote Karten sammelt, wird nicht mehr besucht. Wenn zehn oder fünfzehn Frauen der Ansicht sind, dass Frauen ab vierzig Jahren – oder ab Größe 40 – nicht optimal bedient werden, sollten sie das durchaus auch einmal der Leitung eines Hauses mitteilen – am besten anhand detaillierter Beispiele, die sie aufgelistet haben.

Haarige Zeiten

Die hundert Bürstenstriche zum Zwecke der Haarpflege, Beschäftigungstherapie für ganze Frauengenerationen, werden nicht mehr empfohlen. Sie sind sogar eher schädlich, erfährt die verblüffte Frau, zumindest dann, wenn das Haarebürsten zur Manie wird. Es soll Frauen geben, die Abend für Abend eine bis anderthalb Stunden in diese Form der Haarpflege investieren, oder besser – investiert haben. Sich die Haare bürsten zu lassen, das war in früheren Jahrhunderten eine Art Volkssport für unausgefüllte Frauen. Die würden sich im Grabe umdrehen, würden sie erfahren, dass das nutzlos vertane Zeit war.

Die Frauen von heute, die täglich damit konfrontiert werden, dass bisher als unumstößlich geltende Regeln für die Pflege des Körpers, des Ehemannes, der Haare oder des Herzens von jetzt auf gleich ins Reich der Fabeln von vorgestern verbannt werden, regt so rasch nichts mehr auf.

Sie würden allerdings ganz gern wissen, ob die Schönheitsexperten sich ein wenig nachdrücklicher von der Regel verabschieden könnten »Ab vierzig sollte eine Frau die Haare kurz schneiden lassen.« Man ist zwar etwas von der Regel abgekommen: Ab vierzig darf es höchstens noch ein kinnlanger Pagenkopf sein (gefärbt, sobald es graue Haare gibt, versteht sich). Alles, was darüber hinausgeht, macht – na was wohl? Alt.

In der Hauptsache macht es unabhängig vom Friseur. Wer schulterlange Haare hat, kann prima variieren. Die Haare lassen sich aufstecken, zum Pferdeschwanz binden, sie lassen sich mit wenigen Handgriffen zu einem lustigen Schwanz aufzwirbeln. Sie können keck unter einer Baseballkappe hervorlugen. Wenn man ein Tuch um die Stirnpartie wickelt, verdeckt das nicht gleich – wie bei kurzen Haaren der Fall – die gesamte Haarpracht. Frauen mit etwas längeren Haaren können also im Do-it-yourself-Verfahren viel mit ihren

Haaren anfangen und sind damit nicht so abhängig von regelmäßigen Friseurbesuchen. Aber das ist den Schönheitsexperten natürlich nicht recht. Frauen sollen ja durchaus unabhängig werden, aber bitte nicht auf Kosten anderer. Wo kämen die Friseure hin, wenn jede Frau ihre eigene Stylistin werden will!

Also wird den Frauen häufig schon Ende ihrer Dreißiger klargemacht, dass sie das mit den längeren Haaren lieber lassen sollte. Wenn sie darauf eingeht und dazu noch eine Frisur hat, bei der auf die Minute regelmäßig nachgeschnitten werden muss, hat der Friseur eine Stammkundin, die ohne ihn gar nicht mehr überleben kann.

Doch zum Glück folgen die selbstbewussten Frauen von heute nicht mehr blind, wenn man ihnen empfiehlt: »Haare kürzen.« Sie wissen, dass man am Computer simulieren kann: »Welche Haarlänge, welche Frisur passt zu mir?« Also prüfen lassen: Wie sehen Sie mit etwas längeren Haaren aus, wie mit kürzeren? Eine einfachere Methode: Fotos von Frisuren beschaffen (aus Zeitschriften oder Büchern), die in der Mitte einen weißen Fleck haben oder aus denen Sie die Gesichter ausschneiden. Dort platzieren Sie ein aktuelles Foto und prüfen, welche Frisur zu Ihnen passt. Häufig »geht« längeres Haar viel länger, als man allgemein annimmt.

Den Computertest können Sie ausdehnen auf die Wahl der für Sie richtigen Haarfarbe. Wer erste graue Haare entdeckt, möchte vielleicht zu seiner Naturfarbe zurückkehren. Häufig harmoniert aber eine kräftige Farbe nicht mehr optimal mit der Haut. Die hat sich verändert, sanftere Töne schmeicheln jetzt mehr als eine krasse Farbe. Es gibt natürlich viele Friseure, die ihren Kundinnen zu starken Tönen raten, obwohl sie wissen, dass der hellere Nachwuchs dann besonders stark ins Auge fällt und regelmäßig eine Farbpflege des Haaransatzes erforderlich ist. Und sie daran verdienen.

Dezentere Töne sind möglicherweise jetzt besser geeignet. Das kann – wenn die Farbe verändert werden soll – einfach ein weniger »krasser« Ton sein als der bisherige. Das kann aber – bei allerersten Graufäden in blonden Haaren – auch bedeuten: lediglich für ein wenig mehr künstliches Blond sorgen und durchaus etwas Grau zulassen. Das wirkt natürlicher, man hat den Eindruck: Alles ist echt.

Frauen sollten Friseuren misstrauen, die einer Kundin mit einer kompakten Figur, einem fülligen Gesicht und einer beeindruckenden Statur mit breiten Schultern einen Paspelkopf mit millimeterkurz geschnittenen Haaren empfehlen, ohne ihr vorher per Computersimulation das Ergebnis zu zeigen. Der superkurze Schnitt lässt schlanke, zierliche Frauen mit ebenmäßigen Zügen, einem ausdrucksvollen Gesicht, meist jünger wirken. In anderen Fällen kann er auch unter den Bereich »Körperverletzung« fallen.

Schlaue Frauen züchten auch aus dem Grund ihre langen Haare selbst, weil sie nicht in die Verlegenheit kommen möchten, sich – nachdem sie sich zur Kurzhaarfrisur haben überreden lassen – künstliche Haare anschweißen zu lassen. Das ist der neue Trick der Szenefrauen: kinnlange Haare auf Kilometerlänge bringen lassen. Die Haare werden angeschweißt, das dafür erforderliche Material wird aus Indien importiert. Der Spaß kostet etwa 1000 Mark. Nach ungefähr einem halbem Jahr fallen die mühsam angeschweißten Fremdkörper wieder ab.

Mit Erfahrung liebt sich's leichter

> Dass die Männer sich nicht mehr für dich interessieren, wenn du jenseits der vierzig bist, ist eine Erfindung von Leuten, denen der Durchblick fehlt.
>
> *Ruth, 42, Media-Sachbearbeiterin*

Spitzenmänner aus Wirtschaft und Politik, allesamt über fünfzig, betätigen sich derzeit als moderne Minnesänger. Von ihren neuen großen Lieben schwärmen sie: in Talkshows, Klatschkolumnen, auf Nachrichtenseiten, in bunten Blättern. Die Liebe ist in ihr Leben gekommen – und alle, alle sollen von ihrem Glück erfahren.

In früheren Jahrhunderten wären die Ex-Frauen dieser wichtigen Männer geköpft oder lebenslang auf eine Burg verbannt worden. Heute werden sie lediglich aus der Öffentlichkeit verbannt. Sie sind die Verliererinnen im Bäumchenwechsle-dich-Spiel, und mit Verlierern hat niemand etwas am Hut in unserer Spaßgesellschaft, vor der die Wonnen der neuen Liebe ausgebreitet werden sollen. Tränen der Verflossenen stören da nur.

Sicher, es wird häufiger darüber berichtet, dass ein Wirtschaftsboss oder ein Politiker seine zweite oder dritte Frau verstößt oder dass ein hochrangiger Manager weiche Knie beim Anblick einer Mitarbeiterin bekommen hat, als dass wir etwas über hochrangige Politikerinnen erfahren, die auf lebenslanger Bräutigamschau sind oder über Spitzenmanagerinnen, denen die Knie wegknicken, wenn der Bürobote reinkommt. Aber es gibt eben auch weniger Frauen in diesen verantwortungsvollen Positionen. Wenn weibliche Wesen sich erst einmal in den Zentren der Macht etabliert haben, mag sich das Blatt ja wenden.

Auch eine klare Botschaft, was Frauen in den mittleren Jahren falsch gemacht haben, warum Papi sich eine Neue gesucht hat, ist meist nicht klar auszumachen Wenn der Ihrige nun plötzlich von dem Drang gepackt wird, aller Welt mitzuteilen (den Nachbarn von schräg gegenüber, dem Feinkosthändler, den Arbeitskolleginnen, Ihren Freundinnen, Ihrer Mutter, seinen Brüdern, den Besitzern des Ferienhauses in der Provence, bei denen man nun schon dreimal Urlaub gemacht hat), dass er ein total neues Leben beginnen wird, dass er endlich die ganz große Liebe erlebt (vielleicht brabbelt er sogar etwas von Babyrasseln, die er kaufen will) – bleiben Sie erst einmal cool, so schwer es Ihnen auch fallen mag.

Rufen Sie sich ins Gedächtnis: Die Liebe ist nichts als ein chemischer Cocktail, und der ist derart schnell ausgetrunken, dass es oft gar nicht lohnt, den Partner zu wechseln. Sie dauert im Höchstfall zweieinhalb Jahre, behauptet die amerikanische Wissenschaftlerin Cindy Hazan von der Cornell University. Diese dreißig Monate brauchen Mann und Frau, um sich kennen und lieben zu lernen und das erste Kind zu bekommen. Wenn zwei Menschen sich zueinander hingezogen fühlen, dann sorgt dieser chemische Cocktail für Herzklopfen, Schmetterlinge im Bauch, zittrige Knie und feuchte Hände – kurzum für alles, was man mit der großen Liebe in Verbindung bringt. Das Gehirn braut diesen Cocktail, erzeugt die euphorischen Zustände, um die leidenden Liebenden aneinander zu binden. Und wenn die Rechnung aufgeht, dann zeugen die beiden im ersten Liebesrausch Nachwuchs.

Nach spätestens zweieinhalb Jahren klingt die Euphorie ab. Der Alltag kehrt langsam ein. Nun haben sich manche Liebenden aneinander gewöhnt, sich gemeinsame Ziele gesetzt und bleiben zusammen, obwohl das große Kribbeln vorbei ist und oft genug eine kleine Krabbe dafür sorgt, dass sie sich mit anderen Dingen beschäftigen.

Andere geben auf, wenn die Wirkung des chemischen Cocktails nachlässt und beenden die Beziehung. »Ich liebe sie/ihn nicht mehr«, heißt es dann. Die Hoch-Zeit für die Liebesgefühle ist abgelaufen, könnte man sagen. Sie machen sich erneut auf die Suche nach dem ultimativen Liebeskick, der aber wiederum nur kurze Zeit dauert.

Damit die Illusion von der ewigen großen Liebe in der Anfangsphase der Beziehung optimal funktioniert, sorgt das Gehirn auch dafür, dass wir tatsächlich blind werden vor Liebe. Das wurde in einem Test überprüft. Man zeigte Personen, die nach eigenen Aussagen »wahnsinnig verliebt« waren, Bilder der oder des Angebeteten, aber auch Fotos anderer Personen in der Altersgruppe des Liebesobjekts. Sobald jemand das Bild der geliebten Person sah, wurden im Gehirn die Bereiche außer Kraft gesetzt, die für Gedächtnis, Aufmerksamkeit und die Lösung schwieriger Aufgaben benötigt werden. Unterbelichtung total war also angesagt.

Damit das geschieht, werden vier winzige Areale im Gehirn aktiviert, die insgesamt nur wenige Quadratzentimeter groß sind. Ihre Aktivität ruft rauschhafte Zustände hervor. Kein Wunder: Sie liegen in der Nähe des Bereichs, der beim Genuss von Kokain aktiviert wird, im Zentrum der Rauscherzeugung. Also ist der Spruch »blind vor Liebe« keine Eintagsfliege aus dem Repertoire des Volksmundes.

Wie lange die Phase der blinden Verliebtheit dauert, darüber gibt es unterschiedliche Auffassungen. Wenn Paare sich etwa vier Jahre kennen, schaltet das Gehirn wieder auf normal, sagt ein deutscher Psychologieprofessor und geht so von einer längeren Phase der Verliebtheit aus als die amerikanische Forscherin. Trotzdem erklären beide Untersuchungen, warum im sechsten Ehejahr – statistisch gesehen – die erste große Scheidungswelle anrollt. Die Paare haben, nachdem der Rausch verflogen ist, noch eine Weile darauf gewartet, dass das Wunder der Liebe zurückkommen möge. Weil sie keine gemeinsamen Ziele entwickelt, nicht »an ihrer Beziehung gearbeitet« haben, wie man so schön sagt, brechen sie das Unternehmen Partnerschaft oder Ehe ab. Ein weiterer Höhepunkt an Ehescheidungen steht bei Paaren um die fünfzig an. Dann will man es noch einmal wissen, bevor es zu spät ist.

Frauen um die vierzig liegen also – statistisch gesehen – nicht im absoluten Schussfeld. Außerdem sollten sie ihre Hoffnung nähren, dass ihrem Partner die Geschichte vom chemischen Cocktail namens Liebe und der Tatsache, wie schnell der Rausch sich verflüchtigt, bekannt ist und er nicht für ein paar Jahre Liebesrausch einen lebenslangen Kater riskieren will.

Aber Sie sollten sich nicht zu früh freuen. Ihr Liebesleben ist gefährdet, weil die Sexlust abnimmt. Das signalisieren Ihnen zumindest die Wechseljahrsspezialisten, bevor Sie diese Phase überhaupt erreicht hat. »Noch mag alles okay sein, aber warte nur ab: Bevor du dich auf deinem Lotterbett umdrehst, ist alles futsch: Die Lust an der Liebe, die Quelle der Leidenschaft ist ausgetrocknet, die Zonen der Lust auch. Nichts geht mehr – und wenn es geht, dann nur unter Schmerzen. Der Quell der Lust ist versiegt, und er sprudelt nur erneut, wenn du Präparate nimmst. Wenn du Hormonpräparate anwendest, am besten schon, bevor diese Probleme überhaupt vorhanden sind und deine Partnerschaft ruinieren können.«

In den Wechseljahren ist die Lust auf die Liebe nicht nur gefährdet, weil man uns einreden will, dass das aus organischen Gründen so sein muss. Auch gesellschaftliche Vorurteile zum Thema »Sex in den Wechseljahren« kommen voll zum Tragen. Körperliche Liebe ist in unserem Zeitalter des Jugendwahns und Kinderkults für schöne, schlanke, braun gebrannte, sportlich gestählte Körper reserviert, wird uns indirekt klargemacht.

Aus vergangenen Jahrzehnten kommt noch die Einstellung hinzu: »Ab einem gewissen Alter tut eine Frau das nicht mehr – und sie will es auch gar nicht mehr.« Daher haben Frauen, die durchaus Spaß am Sex hatten, meist auch schön brav den Mund gehalten und ihre Erfahrungen für sich behalten, auf diese Weise konnte dann wunderbar ein Vorurteil erhalten bleiben. Die Realität jedoch sieht etwas anders aus, als Horrorszenario-Experten es den Frauen weismachen wollen. Die körperliche Liebe lebt länger, als es den Schwarzmalern lieb ist.

Frauen ab vierzig wird weiterhin munter prophezeit, dass das Schönste im Leben für sie nun bald vorübergeht. Und dass es der Partnerschaft auch nicht gerade einen Push gibt, wenn sie nicht mehr will, kann, darf. Bei Männern geht es in diesem Alter mit der Potenz jedoch – statistisch gesehen – sehr viel stärker bergab. Viele Männer haben in diesem Alter immer weniger Lust auf die Liebe.

Bei Frauen ist das Problem häufiger herbeigeredet, als dass es tatsächlich vorhanden ist. Von »Abnahme der Sexlust« ist oft wenig zu spüren. Eine Berliner Studie zur Frauengesundheit ergab, dass bei Frauen die sexuelle Genuss- und Orgasmusfähigkeit bis ins hohe Alter erhalten bleibt und dass viele Frauen auch jenseits der fünfzig ihre Sexualität ausleben wollen.

Achtzig Prozent der befragten Frauen wünschten sich regelmäßige sexuelle Kontakte. Diese Studie ergab: Wenn Frauen in den Wechseljahren keine Lust mehr auf die körperliche Liebe verspüren, muss das nicht unbedingt an den hormonellen Veränderungen im Körper liegen. Hat eine Frau auch vorher keinen Spaß am Sex gehabt, ihn als Pflicht angesehen, dann sind die Wechseljahre oft ein Vorwand, sich dieser Pflicht nun zu entledigen. Aufgrund der gesellschaftlichen Vorurteile, die zu diesem Thema bestehen, nimmt man ihr das ab. Diese Frauen werden dann häufig als Beispiele dafür angeführt, dass in den Wechseljahren nichts mehr geht – um so die anderen Frauen zu beeinflussen.

Dabei hat sogar jede zweite Frau über sechzig, gar nicht zu reden von den Frauen ab vierzig, erotische Träume. Das ergab eine Studie der sozialmedizinischen Ambulanz der Universitätsklinik Aachen. Ältere Frauen (befragt wurden Frauen zwischen sechzig und neunzig Jahren) sind entgegen der landläufigen Vorstellung keine sexuellen Neutren, stellte Ulrike Brandenburg im Rahmen dieser Studie fest.

Hatten die Frauen eine positive und wertschätzende Einstellung zu ihrem Körper, waren sie auch sehr zufrieden mit ihrem Sexualleben. Dabei muss es zwischen der sexuellen Zufriedenheit und dem Vorhandensein eines Partners keinen direkten Zusammenhang geben. Da sind Frauen sich anscheinend – auch in höherem Alter – oft auch selbst genug.

Das Sexualleben ist also durchaus vielfältig. Wichtig ist: Für die Selbstzufriedenheit und die Einstellung einer Frau zu ihrem Körper spielt es eine große Rolle, ob sie über weite Strecken im Einklang mit ihm gelebt hat. Deshalb: Lassen Sie sich von anderen nicht auf den Negativtrip schicken.

Und: Der Orgasmus ist nicht das Ziel aller Wunschträume. Liebe kann auch ohne ihn Spaß machen. Dass der Orgasmus nicht alles ist, bestätigte eine Studie an der Klinik und Poliklinik für Psychosomatische Medizin und Psychotherapie der Universität Bonn. Die Hälfte der befragten Frauen zwischen 20 und 48 Jahren nannte den Orgasmus nicht als das für sie wichtigste Ziel des Geschlechtsverkehrs. Über ein Drittel sagten, dass die emotionale und die körperliche Nähe zum Partner für sie wichtiger ist als das Erleben eines sexuellen Höhepunktes. Also: Kuscheln und Streicheln können auch sehr schön sein.

Frauen lassen sich nur in wenigen Fällen wie Männer auf Rekordjagd schicken – nach dem Motto: »Ich hab diese Woche schon zwölf Mal.« Ständig neue Veröffentlichungen darüber, welche Gruppe wie oft, zu welcher Tages- oder Nachtzeit welche Rekorde bricht, sollen offenbar auch hier Erfolgsdruck erzeugen: »Die anderen machen es viel öfter, also muss ich meine Sexquote verdreifachen.« Die körperliche

Liebe hat jedoch wenig mit Quantität und sehr viel mit Qualität zu tun. Lieber einmal richtig schön, als ein halbes Dutzend Mal denken: »Schlafen hätte mehr gebracht.«

Im Rahmen einer Studie des Psychologischen Instituts der Universität Hamburg wurden neben jüngeren auch Männer und Frauen im mittleren Alter in puncto Sexualleben überprüft. Bei den älteren Männern waren die Erektionen seltener als früher und oft weniger stark, sie brauchten mehr Stimulation, bevor sie zum Orgasmus kamen – und der war dann oft noch weniger stark.

Bei den Frauen wurden die Schleimhäute der Vagina nach dem Ende der Wechseljahre etwas dünner und reagierten etwas weniger stark. Die sexuelle Erregbarkeit und die Stärke des Orgasmus aber blieben bis ins höhere Alter weitgehend gleich.

Wenn Frauen Probleme mit ihrem Sexualleben haben, dann liegen die meist ganz woanders. Die Frauen klagen über einen Mangel an Zärtlichkeit seitens des Partners. Folge: Die Lust am Geschlechtsverkehr wird gar nicht erst geweckt. Es kommt wegen Desinteresse, Krankheit, wegen starker Probleme in der Beziehung oder wegen Potenzstörungen des Partners nicht mehr dazu. Oder es gibt sexuelle Kommunikationsprobleme, zum Beispiel gefällt den Frauen die Routine beim Sex nicht mehr. Diese Probleme für sexuelle Abstinenz waren mit bis zu dreizehn Prozent in der Studie die häufigsten Liebestöter.

Abgeschlagen auf Platz 4 landete der Punkt »Schmerzen beim Geschlechtsverkehr« mit sieben Prozent. Der wird aber in den Wechseljahrs-Horrorszenarien zum Hauptproblem hochgejubelt. Tatsächlich liegen die Probleme seltener in den veränderten Hormonkonstellationen als behauptet wird. Was würde ein Eingehen auf die tatsächlichen Liebeskiller bedeuten? Zum einen wäre dann für den Arzt nicht mehr nur der bequeme Griff zum Rezeptblock angebracht, sondern ein Hinterfragen, ein Aufdecken möglicher anderer Ursachen. Und wer will das bezahlen? Die Krankenkasse? Auf keinen Fall! Gespräche werden schlecht honoriert, also redet der Arzt auch nicht lange. Und außerdem: Werden weniger Hormonpräparate verordnet, dann steigen die Einnahmen der Pharmaindustrie nicht mehr.

Wenn Frauen wissen, was sie wollen

Hexen haben Spaß an der Liebe. Nicht umsonst haben sie seit vielen Jahrhunderten mit Kräutern, Heilpflanzen und anderen Substanzen experimentiert, ihre Wirkung als Kräuter für die Liebe erforscht und getestet. Und Hexenkräuter entfalten nicht nur ihre Wirkung als Aphrodisiakum, sie helfen auch, wenn es mit der Liebe mal nicht so klappen sollte.

Frauen, die in der Menopause wirklich – wie es ihnen in übertriebener Weise prophezeit wird – Probleme beim Geschlechtsverkehr bekommen, weil sich der Feuchtigkeitsgrad ihrer Vagina verändert hat, können sich mit lokal anzuwendenden Mitteln behelfen. Es gibt Hormon- oder andere Gleitcremes, deren Anwendung auf den Vaginalbereich beschränkt ist.

Eine Partnerschaft lebt nicht von der Liebe allein. Gemeinsam ein teuflisch gutes Ziel anzustreben, kann eine Beziehung besser kitten als eine Containerladung an Utensilien aus dem Sexshop. Ich kenne ein Paar, das im Laufe von zweieinhalb Jahrzehnten gemeinsam eine Kakteenzucht aufgebaut hat. Ein wesentlicher Teil ihres Gartengrundstücks wird von einem großen Gewächshaus in Anspruch genommen. Dort ist eine der umfangreichsten privaten Kakteensammlungen Deutschlands untergebracht. Die beiden reisen, um sich mit anderen Kakteenzüchtern auszutauschen. Sie halten Vorträge über ihre stacheligen Lieblinge, leiten einen Verein für Kakteenfreunde. Wer diese Beziehung auseinander bringen will, hat einen dornigen Weg vor sich. Das Gewächshaus lässt sich nicht halbieren, und jeder der beiden Züchter würde eher für seinen Kaktus sterben als für eine neue Liebe.

Ein anderes Paar erobert im Urlaub den Europäischen Fernwanderweg in Etappen. Das ist eine Aufgabe für mehr als ein Jahrzehnt. Im Winter wird die nächste Sommertour geplant, wird Reiselektüre gewälzt, werden Quartiere gebucht und Anreisemöglichkeiten geprüft. Sie schreibt ein Buch über das Vorhaben, er steuert die Fotos dazu bei.

Gemeinsame Ziele gibt es viele: die Kontinente dieser Welt zu erobern, einen nach dem anderen, in jedem Jahr ein oder zwei Länder, das Renovieren eines alten Bauernhauses auf dem Land, der Aufbau einer Galerie.

Wenn Paare in ihrer Freizeit fast ausschließlich jeder für sich ihren Interessen nachgehen, kann dies problematisch werden, wenn beide berufstätig sind und sich ohnehin selten sehen. Die meisten Vierzigjährigen von heute haben zwar keinen Klammertick, aber die vielen Solotrips können auch der Anfang sein für ein Sich-aus-dem-Weg-Gehen. Problematisch kann es allerdings auch werden, wenn man den Partner grundsätzlich begleitet, obwohl man dessen Hobby eher uninteressant findet. Halten Sie also spätestens um die vierzig Ausschau nach einer gemeinsamen Vision.

Und wenn es dann trotz Teamwork nicht mehr klappt in der Partnerschaft? Wenn eine Trennung ansteht? Dann lassen Sie sich nicht verschrecken, es gibt genug Beispiele von Frauen, bei denen das Leben dann erst richtig angefangen hat.

Eine ehemalige Kollegin von mir heiratete mit Mitte vierzig zum zweiten Mal. Sie hatte zwei erwachsene Kinder. Weil sie eh aus ihrem damaligen Job heraus wollte, stieg sie dort aus und in die Firma ihres Mannes ein.

Eine andere ehemalige Kollegin von mir verliebte sich im Alter von Ende 50 in einen Witwer aus Schweden. Heute lebt sie neun Monate im Jahr bei ihm in Stockholm, vier Wochen verbringt sie in ihrer Hamburger Wohnung (eigentlich wollte sie sich die Hälfte des Jahres dort aufhalten), zwei Monate lang machen die beiden Urlaub in der gemeinsamen Ferienwohnung in Spanien.

Oder das Beispiel meiner 42-jährigen Bekannten, die ihren Mann durch einen Herzinfarkt verlor. Da hatte sogar ich gezweifelt: Die Arme, ob sie jemals wieder so einen guten Partner findet. Elf Monate später rückte ein Umzugsunternehmen an und lieferte die Möbel ihres neuen Partners.

Dass Frauen in den mittleren Jahren keine neuen Partner finden – diese Angst wird von vielen Seiten geschürt. Da sind zum einen Spitzenpolitiker, die für sich persönlich die Ehe längst zum Auslaufmodell und zum Modell auf Zeit erklärt haben und nach der dritten oder vierten Heirat weiter das Loblied auf die intakte Familie als Grundlage für eine funktionierende Gesellschaft singen.

Die Ehemaligen der Spitzenpolitiker verschwinden sang- und klanglos in der Versenkung. Selten erfährt man, dass eine der Ex-Frauen der Polit-Promis wieder geheiratet hat. Auch diese Erfahrungen bleiben in den Köpfen hängen. Zum anderen dienen regelmäßige Veröffentlichungen zum Thema Partnersuche nach der Trennung eher der Verunsicherung als der Information der Frauen. Angeblich wird jeder Mann kurz nach seiner Scheidung vom Fleck weg geheiratet. Die Bewerberinnen stehen praktisch schon am Scheidungstag vor dem Gericht Schlange. Frauen brauchen Jahre, um einen neuen Ehemann zu finden – wenn überhaupt.

Dass viele Frauen einen Partner haben, dass sie vielleicht mit einem Mann zusammenleben, aber eine Heirat gar nicht anstreben, dass ein Singledasein (mit gelegentlichen Lovestorys) nach fünfzehn Jahren Ehe durchaus mal eine Abwechslung bringt, wird seltener erwähnt. Und im Fall selbstbewusst-hexischer Frauen kommt hinzu: Sie sind wählerisch. Hexen nehmen nicht jeden.

Auf keinen Fall nehmen sie Männer vom Typ aufgeblasener Gockel. Diese Sorte Mann leidet an einem übersteigerten Selbstbewusstsein und glaubt, wenn er sich schon einmal dazu herablässt, etwas mit einer Frau anzufangen, dann muss es mindestens eine Claudia Schiffer sein. Dabei haben diese Männer selbst häufig wenig vorzuweisen. »Diese aufgeblasenen Typen in der Sauna, das ist ja widerlich«, empörte meine Kollegin Brigitte sich. »Ein Bauch wie eine Trommel, die Gesichtshaut hängt in Faltensäcken herunter, die Tränensäcke reichen bis zum Kinn, auf dem Kopf dreißig Haare, und die sind auch noch gefärbt, am übrigen Körper sind sie behaart wie ein Affe, die Beine sind gekrümmt, weil sie die Last kaum tragen können. Und so ein Kerl spaziert durch die Sauna wie ein Pfau über den Hühnerhof. So würde sich nicht einmal Madonna aufführen. Woher haben die das Selbstbewusstsein?«

Ganz einfach: Ein Mann dieser Sorte stuft sich selbst als super ein, stapelt sich selbst hoch, und dabei helfen ihm die Medien. Die zeigen zum Beispiel in Talkshows Männer, die vom Alter her Methusalem Konkurrenz machen könnten und nur Schwachsinn haspeln, wobei ihnen Schweißperlen über die Stirn rinnen, so dass sie Werbung für ein Deo machen könnten. Und niemand weist auf das biblische Alter, die schreckliche Aussprache, die Schweißperlen hin, die den dicken Gockel zum Antitypen machen. Den Frauen jedoch wird angekreidet, wenn sich zwei Haare aus einer Locke gelöst haben. Dann müssen Sendungen unterbrochen werden, damit die Maskenbildnerin die Frau wieder in Form bringen kann.

Dem Pfau aus der Sauna wird nicht dauernd eingehämmert: »Du bist nicht perfekt«, dem wird gesagt: »Du bist okay, bleib, wie du bist.« Und da Bescheidenheit und Zurückhaltung dem Pfau fremd sind, stuft er sich dann irgendwo auf dem Level von Hugh Grant ein – und wartet darauf, dass eine Frau ihm die Füße küsst (oder auch etwas anderes).

Die Frau ist in den letzten fünfzig Jahren immer unzufriedener mit ihrem Körper geworden, obwohl es objektiv betrachtet keine Ursache dafür gibt. Das ist das Ergebnis einer großen Studie zum Thema »Body Images«, für die 222 Untersuchungen aus aller Welt ausgewertet wurden. Männer dagegen sind weitgehend zufrieden mit ihrem Äußeren, obwohl es – objektiv betrachtet – keinen Grund dafür gibt. Die

Männer waren im Schnitt weniger attraktiv als die Frauen. Aber die Zahl der Frauen, die ihre Hüften zu dick, den Busen zu klein, die Haare zu dünn finden, hat im Laufe der letzten Jahrzehnte ständig zugenommen. Und: Mit zunehmendem Alter wurden die Frauen immer unzufriedener mit ihrem Äußeren. Wen wundert's?

Dass die Männer sich zu tollen Hechten hochstilisieren, obwohl sie meist keine sind, wurde in dieser Studie durch Dritte bestätigt. Eine unabhängige Gruppe gab ihr Urteil über die Testpersonen ab. Und siehe da: Sogar Männer, die von anderen als eher unattraktiv bezeichnet wurden, fanden sich toll. Sie hatten ein positives Selbstbild. Männer in mittleren Jahren können durchaus über Liebestöter wie Hängebauch, durchhängendes Kreuz, Doppelkinn oder Halbglatze verfügen, aber ihr verzerrtes Selbstbild führt dazu, dass sie völlig unrealistische Erwartungen haben in puncto Frauen, die zu ihnen passen. Und selbst wenn keine einzige zu ihnen passen möchte, hetzen sie unermüdlich gegen jede Frau, die nicht ihrer Idealvorstellung entspricht.

Wie können Hexen erreichen, dass die Gemeinheiten dieser Gockel sie gar nicht berühren? Zunächst einmal: ein positives Selbstbild entwickeln. Eine Frau, die an sich und an ihre Ausstrahlung glaubt, die ihren Körper mag, mit ihrem Aussehen zufrieden ist, wird sich weder durch frech-abschätzende Blicke noch durch unverschämte Äußerungen verunsichern lassen. Sie wird die Bemerkungen gar nicht an sich heranlassen, sie nicht auf sich persönlich beziehen.

Um ein gutes »Body Image« zu bekommen, sollten Frauen sich nicht selbst verbiegen, indem sie sich aus dem Blickwinkel der Pin-up-Girl-Fans betrachten. »Passe ich noch in den

Spind?« Eine gewisse Sorte Männer bewertet offenbar alle Frauen danach, ob sie als Pin-up-Girl für ihren Spind bei der Bundeswehr taugen.

Doch selbstsichere Frauen legen keinen gesteigerten Wert darauf, als Bildvorlage für männliche Sexphantasien zu dienen. Dass Männer, die sich den Kauf von Playboy und Co. ersparen wollen, den ganzen Tag über darauf lauern, Frischfleisch live anzusehen, wäre noch ihre Privatsache. Aber wenn das in der Arbeitszeit geschieht?

Alle sechs bis sieben Minuten denken Männer angeblich an Sex, auch im Job. Wann arbeiten die? Da werden ständig neue Konzepte zur Optimierung des Arbeitsprozesses entwickelt, da wird von Zeitmanagement gesprochen, die Abläufe von Arbeitsprozessen werden per Stoppuhr auf die Sekunde genau erfasst. Warum hat noch niemand den volkswirtschaftlichen Schaden errechnet, der durch die abschweifenden oder sogar ausschweifenden Gedanken entsteht? Und warum bringt niemand den Männern mit Hilfe von Psychoworkshops bei, während der Arbeitszeit ihre Sexualität auszublenden? Das würde wertvolle Arbeitszeit sparen und den Frauen eine Weile Ruhe verschaffen.

Sicher, eine Frau, bei der die weiblichen Geschlechtshormone gerade ihr volles Feuerwerk entfalten, möchte gefallen – nicht nur den Männern. Sie wünscht sich ganz allgemein Aufmerksamkeit. Aber im Lauf der Jahre stellt sich doch die Frage: Ist das nicht eher ein Dressurakt? Werden Frauen darauf getrimmt, zu gefallen oder aufzufallen – ganz gleich wem?

Wenn falschen Vierzigern, die schon ebensolche Fuffziger sind, von Schmuddel-TV-Sendern eingetrichtert wird, dass die Welt eine einzige Peepshow ist, kann es eher als Auszeichnung angesehen werden, für derart fragwürdige Gucknummern nicht in Frage zu kommen.

Glücklicherweise gibt es auch die eher zurückhaltende Sorte Mann. Deren Selbstbild ist nicht so aufgeblasen wie eine Gummipuppe. Sie leben eher zurückgezogen, halten sich in ihren Äußerungen eher bedeckt (auch was Frauen betrifft), drängen sich nicht krankhaft in die Öffentlichkeit, fordern nicht unausgesetzt Bewunderung, obwohl es nichts zu bewundern gibt. Diese eher versteckt lebenden und im Vergleich zu den Protzern seltenen Exemplare bewirken, dass Frauen in der Lebensmitte – oder besser: auf dem Lebenshöhepunkt – hin und wieder an eher ungewöhnlichen Plätzen jagen und fischen. Und es auf so diskrete Weise tun, dass nicht einmal der Fisch es mitkriegt – bis er am Haken hängt. So sind diese Frauen in Spezialgärtnereien zu finden (obwohl die drei Begonien auf ihrem Balkon schon im letzten Jahr verdorrt sind), in Spezialbuchhandlungen, z.B. für Steuern und Recht (obwohl ihr Steuerberater sie davor gewarnt hat, noch einmal einen Beleg eigenhändig auszufüllen, sie haben kein Talent dafür), im Zoologischen Garten im Vogelhaus (Ornithologen!), im Botanischen Garten in der Abteilung Kamelien (diese Frau hat die *Kameliendame* gelesen und hätte zwei schöne Gesprächsthemen: Kamelien oder Tuberkulose), auf Perlen-Auktionen, bei Antiquariatstagen, in der Leseecke einer Buchhandlung, in der Halle eines Luxushotels sitzend (eine Stunde, bevor dort wirklich ein Termin ansteht), bei einem Schiffsausrüster (obwohl die Dame kein Boot besitzt, sie kauft einen Sweater), auf einer Bootswerft (wo Freunde eine Yacht überholen lassen), bei einem Herrenausstatter (obwohl diese Frau derzeit solo ist, informiert sich eine Hexe hier neben dem Angebot an ohne Begleitung einkaufenden Herren auch darüber, wie der Traummann gekleidet sein könnte), im Baumarkt (obwohl diese Frau einen Elektriker anruft, wenn eine Glühbirne ausgewechselt werden muss). Eine Mitarbeiterin einer Werbeagentur soll im Großraumwagen eines ICE den Mann fürs Leben kennen gelernt und ihn auch gleich geheiratet haben. Der ICE zählt zu den unverfänglichen Plätzen, die sie aufsuchen könnten, ohne dass man eine Absicht dahinter vermutet. Dass Sie auf Fischfang waren oder Jagdbeute machen wollten, lässt sich hinterher schwer beweisen. Denn merke: Auf Hexen fliegt man. Die suchen nicht selbst.

Gehen in der Gruppe der Männer von Mitte dreißig bis Ende vierzig lediglich Fische ins Netz, die viele Frauen sofort wieder ins Meer werfen (denen fehlt Entscheidendes), taucht vielleicht ein Mann von, sagen wir mal, neunundzwanzig Jahren auf und sendet eindeutige Signale aus: Er würde sich schon einfangen lassen (obwohl die Hexe gar keine entsprechenden Andeutungen gemacht hat). Dass sich Männer von Ende zwanzig für Frauen ab vierzig interessieren, kommt häufiger vor, als allgemein angenommen wird.

Im Gegensatz zu den zu Beginn des Kapitels beschriebenen Minnesängern posaunen die Frauen meist nicht in alle Welt hinaus, dass ihre neue große Liebe sooo viel jünger ist als sie selbst, und dass sie sooo glücklich sind. Gut, einige prominente Frauen mögen nach dem dritten oder vierten schönheitschirurgischen Eingriff, wenn sie allmählich Michael Jackson ähnlich werden, auf einer TV-Plauder-Couch

Platz nehmen, den kindlichen Lover, im Matrosen-Look gekleidet, neben sich.

Aber die sind schließlich seit zwei Jahren und dreißig Tagen in keine TV-Show mehr eingeladen worden. Die Vorstellung ihres neuen Liebhabers bot endlich mal wieder einen Anlass, sich einem breiteren Publikum zu präsentieren.

Weniger publicitygeile Frauen sind da zurückhaltender. Zum einen möchten sie nicht unbedingt wie Michael Jackson aussehen – aber fürs Fernsehen ist es nun mal vorteilhafter, einen jungen Schnitt zu haben. Zum anderen ist die Beziehung zu einem jüngeren Lebenspartner zwar kein Tabuthema mehr, aber die Verinnerlichung gesellschaftlicher Vorurteile führt doch häufig dazu, dass die meisten Frauen ihre Lovestory mit einem jüngeren Mann nicht unbedingt ins Internet stellen.

Wenn ein sechsundsechzigjähriger Altstar sagt: »Was ist dabei, wenn ein ästhetischer Fünfzigjähriger sich von einer ästhetischen Siebzehnjährigen angezogen fühlt – wo ist da die Perversion?«, dann schlucken viele Menschen das kritiklos, anstatt dreimal zu schlucken und sich im Umkehrschluss zu fragen, ob man älteren Frauen so ohne weiteres einen jugendlichen Liebhaber zugesteht. Zwischen den Zeilen wird immer noch gesagt, was erlaubt und was eigentlich tabu ist.

Die gesellschaftlichen Unterdrückungsmechanismen können leider dazu führen, dass selbst ansonsten kühne Frauen Berührungsängste haben, wenn es um das Thema »jüngerer Mann« geht. Und ich weiß, wovon ich rede.

Ich saß in Karlsruhe auf einer Parkbank, las ein Buch. Der Typ neben mir beobachtete mich. »Ein Handtaschenräuber!« dachte ich, platzierte die Tasche auf dem Schoß, presste sie fest an mich wie eine verängstigte Tante Elli in der Wartehalle vor dem Flug von Kiel nach Hamburg. »Haben Sie gewusst, dass Thomas Mann eine unglaublich umfangreiche Bibliothek besaß? Allein die medizinischen Werke ... Er hat nichts dem Zufall überlassen, und nur deshalb konnte er im Zauberberg die Lungenheilstätte so präzise beschreiben«, sagte der wirklich umwerfend aussehende Handtaschenräuber, der mindestens zehn Jahre jünger war als ich, damals gerade Anfang vierzig. Er lud mich zum Kaffee ein. Ich nahm in Karlsruhe an einem Kongress teil, zwei Abende verbrachte ich mit dem Literaturfan: Kneipe, essen gehen. Am dritten Tag wollte er mich mittags im Hotel abholen, aber da war ich bereits abgereist, ohne meine Adresse zu hinterlassen.

Wenig später sagte der Leiter eines Computerkurses: »Wenn Sie zum ersten Mal ganz allein das Programm durchziehen, das ich Ihnen soeben erklärt habe, gehen wir essen.« Der Mann mochte zwölf oder dreizehn Jahre jünger sein als ich. Ihn als attraktiv zu bezeichnen, wäre Understatement pur gewesen. »Das wird nie passieren«, antwortete ich. »Ich werde dieses Programm auch in drei Jahren nicht allein durchziehen. Ich kann meinen Kopf nicht mit Tausenden von Computerkürzeln, Bedienungsanweisungen, Hilfsregeln, Zahlen, Notfallanleitungen verstopfen. Ich brauche ein paar Restbereiche in meinem Gehirn, um etwas anderes zu speichern.« Meinen Verehrer störte es nicht, dass mein Verhältnis zu seinen Lieblingen, den Computern, leicht gestört war – das versetzte seiner Begeisterung für mich keinen Dämpfer.

Ich vertrat lange Zeit die feste Meinung: »Wenn du eine Beziehung mit einem jüngeren Mann eingehst, wirst du eines

Tages Mitleid oder Ablehnung in seinen Augen lesen. Erspar dir das, es geht aufs Selbstbewusstsein.« Und ich war der Ansicht, ganz von allein zu diesem Entschluss gekommen zu sein.

Inzwischen bin ich der Mythen- und Medien-Mafia auf die Schliche gekommen, und mir ist klar geworden, dass ich die mir eingetrichterte Meinung übernommen habe. »Aber bevor er dich – wenn überhaupt – ablehnend ansieht, hast du etwas anderes in seinen Augen gesehen, etwas, das dir sehr viel Glück bereitet«, sage ich mir nun. Positiv denken ist doch das Gebot der Stunde.

Aber in diesem Fall will man Frauen offenbar auf dem Negativtrip halten. Die Medien greifen immer noch gern in die Mottenkiste, in der verstaubte Vorurteile lagern. Sonst kriegt man sich gar nicht ein, ist im wahren Fortschrittstaumel, Bürger, die nicht vierundzwanzig Stunden pro Tag im Internet surfen, sind rückständig. Menschen werden geklont, Embryonen zu Arzneimitteln verarbeitet. Aber dass »er« jünger ist als »sie« – das ist nicht zu tolerieren.

Im Zuge der allgemeinen Intoleranz begrüßt dann eine Gastgeberin: »Wie schön, dass Sie Ihren Sohn mitgebracht haben!« Frauen sollten sich nur ein etwas dickeres Fell zulegen, dann werfen derartige Situationen sie nicht um. Eine hexenfreche Antwort wäre zum Beispiel: »Ist die Freundin Ihres Mannes auch da? Ich hätte etwas Wichtiges mit ihr zu besprechen.«

Außerdem muss das mit den ablehnenden Blicken, die »er« uns angeblich irgendwann zuwirft, gar nicht zutreffen. Vor einiger Zeit stoppte ein Auto neben mir, als ich in Richtung Alster ging. »Wem verdrehst du denn nun den Kopf?«, fragte der Fahrer. Er war dreizehn Jahre jünger als ich, in einer Werbeagentur tätig und hatte mich einige Jahre zuvor regelmäßig eingeladen. »Er will mich schon wieder zu einem Kindergeburtstag in seine Agentur mitnehmen«, erzählte ich meinen Kolleginnen. »Ich verdrück mich erst mal in die Graphik, er müsste gleich kommen. Sagt ihm, ich sei ausgewandert oder abgeschoben worden, euch wird schon was einfallen.«

»Aber das ist doch ein toller Mann! Du kannst lange suchen, bevor du so was wiederfindest«, meinte eine der Kolleginnen. »Und den hast du nicht mal suchen müssen. Der läuft dir freiwillig hinterher.« Obwohl diese Beziehung sogar Gnade vor den Augen meiner Umwelt gefunden hatte, wurde sie beendet, bevor sie begonnen hatte. Die Schere in meinem Kopf übte in diesem Fall eine strikte Zensur aus.

Ja, und dann traf ich meine ehemalige Kollegin Kathi in Begleitung eines umwerfend aussehenden jungen Mannes. Zunächst dachte ich: »Ihr Schwiegersohn.« Aber da legte er zärtlich den Arm um sie. Das war ihr neuer Freund! »Neulich hab ich während einer Feier seine Familie kennen gelernt«, erzählte sie mir einige Zeit später. »Die waren froh, dass Marc nun endlich 'ne Freundin hat – und dann taucht da so eine Alte auf. Die unterschiedlichen Reaktionen zu beobachten, das war schon interessant.«

Kathi steht über den Dingen, sie lässt sich nicht durch verletzend gemeinte oder unbedachte kritische Äußerungen irritieren, ihr ausgeprägtes Selbstbewusstsein ist ein guter Panzer gegen die Giftpfeile, die ihre Mitmenschen ab und zu auf sie abschießen. Sie lässt sich auch durch ihre Umwelt nicht von ihrem Ziel abbringen: glücklich zu sein mit dem Mann, den sie liebt, und sich nicht mit einem Partner zufrieden geben, den man ihr »zugesteht«.

Dass Liebesgeschichten ein Leben lang andauern, ist in Zeiten der Ehe auf Abruf eher selten. Also zieht auch das Argument »Eine Lovestory mit einem jüngeren Mann kann nicht ewig dauern« nicht mehr. Und außerdem sehen es die meisten Frauen mit einem lachenden und einem weinenden Auge, wenn so eine Liebe zu Ende geht.

Neulich las ich die ironische Betrachtung einer Kollegin, die nicht gerade Tränen weinte über das Ende ihrer Beziehung zu einem fünfzehn Jahre jüngeren Lover. Sie war kaum noch aus Schönheits- oder Frisiersalons, den Sonnen- und Fitnessstudios rausgekommen während der Beziehung. Und fast jeden Abend ging es auf die Piste! Ihr Lover hatte ihr weder die Verschönerungsstrategien vorgeschlagen noch wollte er jeden Abend ausgehen. Aber sie glaubte, das gehöre nun mal dazu. Vielleicht spukte aber auch noch der Spruch »einen Mann halten« in ihrem Kopf herum.

Wenn es schon Spruchweisheiten sein müssen, dann wählen Sie hier lieber den von den Reisenden, die man nicht aufhalten soll. Die Kollegin, die mit ihrem fünfzehn Jahre jüngeren Lover von einem Event zum nächsten sauste, war auf alle Fälle erleichtert, als sie abends auch mal im Jogginganzug zu Hause rumhängen, die Beine hochlegen und fernsehen konnte. In der Zeit ihrer großen Liebe aber hat sie viel erlebt, ist sehr glücklich gewesen und hat gelernt, die Dinge mit anderen Augen zu sehen. Erfahrenere Frauen sind aufgeschlossen für Neues, sie können auch loslassen – zum Beispiel dann, wenn sie sehen, dass eine Beziehung für einen der beiden Partner zur Belastung wird.

Dann beginnt die Suche nach einem neuen Partner – oder die Frau beschließt, eine Pause in puncto Beziehungsstress einzulegen. Da kann es durchaus vorkommen, dass »Not am Mann« ist. Dabei muss es sich nicht um einen durch äußere Umstände hervorgerufenen Notstand handeln. Viele Frauen haben vorübergehend keine Lust aufs Achterbahn-Fahren – und das ist eine Liebe mit ihren Höhen und Tiefen häufig. Sie sind also freiwillig solo.

Die Frau, die festgestellt hat »Ich verdanke den Männern einige der schönsten Stunden, aber auch einige der traurigsten Jahre meines Lebens«, die möchte unter Umständen eine Auszeit in puncto Partnerschaft nehmen, aber nicht unbedingt auf die körperliche Liebe verzichten. Dann lässt sich die Abwandlung eines alten Rezeptes für die Zubereitung von Grog anwenden. Das Grog-Rezept lautet: »Zucker kann, Wasser ist nicht unbedingt erforderlich, Rum muss.« Daraus leitet sich folgendes Liebesrezept ab: »Mann kann, Liebe ist nicht unbedingt erforderlich, Sex muss.«

Einen Mann können Sie heute auch leasen. Rent-a-man heißt die Zauberformel. Tatsächlich kommt er – ins Haus oder wohin auch immer Sie ihn bestellen. Ob bei Nichtgefallen eine Mietminderung möglich ist, muss vorher ausgehandelt werden.

Frauen, die sich selbst schätzen, wissen sich in jeder Situation zu helfen. Das war schon immer so. Und wenn ihre Umwelt rumzickt, ziehen sie sich eben zurück und nehmen die Sache selbst in die Hand. Auf Vergnügen müssen sie dabei nicht verzichten. Die Ausflüge, die Hexen in früheren Zeiten zum Blocks- und zu anderen Bergen gemacht haben, sind schließlich in die Geschichte eingegangen und haben gezeigt: Hexen können sich auch ohne einen festen Partner amüsieren, zumindest eine ganze Weile.

Bange machen gilt nicht

Das mit den Wechseljahren
ist ein einziger herbeigeredeter Quatsch.

Anka, 48, Redakteurin

Die allermeisten Frauen um die vierzig kennen die wunderbarsten Seiten des Frauseins aus dem Effeff. Sie wissen um ihre Stimmungstiefs kurz vor der Periode. Sie haben alle mit der Menstruation verbundenen Probleme innerhalb von jahrzehntelangem Training zu bewältigen gelernt. Und sie bekommen bzw. bekämen selbst die Situation gemanagt, dass ausgerechnet im unpassendsten aller Augenblicke: in dem Moment, da sie zum ersten Mal mit dem ultimativsten aller Traummänner ins Bett gehen wollen, prompt die Regel einsetzt und alles zu überschwemmen droht.

Einige kennen gar Magersucht und Bulimie. Andere wissen sehr genau für sich, was sich hinter den Wörtern Endometriose oder Myom verbirgt. Wieder andere haben ihr Kind in einer Endlosgeburt zur Welt gebracht.

Doch was – so tönen Schönheits- und Gesundheitsindustrie – ist das alles gegen die so genannten Wechseljahre? Und die sollen, so die angeblichen Experten, schon bei Frauen um die vierzig näher als der nächste Sommerurlaub sein.

Die Interpretation dieser ureigenen Phase im Leben der Frau ist immer noch relativ fest in Männerhand und wird von ihnen mit dem Einfühlungsvermögen eines Holzfällers beim Einsatz der Kettensäge abgehandelt. Jeder der Herren, der Ratschläge zu den Wechseljahren abgibt, hat allem Anschein nach diese Phase persönlich mehrere Male durchlebt, so gut weiß er darüber Bescheid, so konkret kann er die angeblich anstehenden Probleme darstellen, so genau sagt er den Frauen ein Höllenfeuer der Wechseljahre voraus, in dem gutes Aussehen und Liebeskraft rascher verlöschen als das Licht einer Kerze im Abendwind.

Den derart verunsicherten Frauen gegenüber zeigen sich die Wechseljahrs-Szenario-Experten plötzlich von der väterlichen Seite. Sie kennen ja Hilfen! Wem von frühmorgens bis spätnachts eingebläut wird, dass mit diesem Lebensabschnitt einschneidende Veränderungen unabwendbar sind, die Frust, Verzicht und Abstieg bedeuten, der bzw. die kann die Welt dann irgendwann nicht mehr rosarot sehen. Dann sprechen die Experten von der »Wechseljahrsdepression«. Dass sie selbst den Frauen diese eingeredet haben, davon ist nicht die Rede. Schuld sind plötzlich die Frauen selbst.

Zu den Fakten: Bei den meisten Frauen beginnt der Wechsel mit Mitte, bei wenigen Frauen auch schon mit Anfang vierzig. Im Alter von siebenundvierzig oder achtundvierzig Jahren registrieren die meisten Frauen, dass ihr Zyklus nicht mehr ganz regelmäßig verläuft. Die Jahre der Umstellung machen sich – übrigens nicht zwingend, aber bei den meisten Frauen – zunächst einmal in Form von harmlosen Hitzewallungen und Schweißausbrüchen bemerkbar.

Die Wechseljahre werden heute immer noch in düsteren Farben geschildert. Und das, obwohl eine Untersuchung ergab, dass Frauen sich heute nicht mehr ausschließlich über die fruchtbare Phase definieren, und obwohl eine Umfrage des renommierten Gallup-Instituts erbrachte, dass sich Frauen in den Wechseljahren oft besser fühlen als vorher. Doch es wird so getan, als würde über dieser Phase das Motto stehen: von der fruchtbaren Phase in die furchtbare Phase.

Die Beschreibung, Bewertung, Erklärung, Behandlung der Wechseljahre ist immer noch eine fast durchgängig männlich besetzte Domäne. Gynäkologen, Pharmakologen, Allgemeinmediziner, Soziologen, Epidemiologen, Pillendreher, Wortverdreher – sie alle haben eine Menge dazu zu sagen – und meist nichts Gutes. Die Wechseljahre sind der Supergau im Leben einer Frau, könnte man annehmen, wenn man ihre Statements liest oder hört.

Sie sollten häufiger mal die Frauen zu Wort kommen lassen, zum Beispiel Beate Schultz-Zehden, promovierte Psychologin am Institut für medizinische Psychologie der Freien Universität Berlin. Sie hat nämlich etwas Revolutionäres getan und herausgefunden: In ihre Untersuchungen zum Thema Wechseljahre hat sie nicht nur Frauen einbezogen, die in dieser Lebensphase leiden, sondern sie hat mit ganz unterschiedlichen Frauen dieser Altersgruppe gesprochen (auch mit so genannt »gesunden«, die keine Probleme haben).

Wer nur Frauen befragt, die in ärztlicher Behandlung sind, hört auch das Klagelied, das er hören will. Schultz-Zehden hat im Rahmen einer Studie 1000 Frauen zwischen fünfzig und siebzig Jahren befragt sowie in einer weiteren Studie 230 Frauen zwischen vierundvierzig und fünfundfünfzig Jahren. Fazit: Zwischen dreißig und vierzig Prozent der Frauen klagten so gut wie gar nicht über besondere Wechseljahrsbeschwerden. Sie hatten keine Probleme oder sie sahen die, wie die Ärzte so schön sagen, »Befindlichkeitsstörungen« als nicht gravierend an.

Für achtzig Prozent der Frauen war es eine Erleichterung, dass sie keine Periode mehr hatten und all die Probleme, wie Menstruationshygiene, Schmerzen, Leistungsabfall und Angst vor ungewollter Schwangerschaft ein für allemal ausgestanden waren.

Nach Meinung der Supergau-Spezialisten leiden Frauen schwer, weil die fruchtbare Phase zu Ende geht, sprich: weil sie keine Kinder mehr bekommen können. Die Tatsache, dass der Nachwuchs meist erwachsen ist oder bald aus dem Haus geht, erhöht den Leidensdruck noch wesentlich, meinen sie. Sie irren sich: Das »Empty-nest-Syndrom« spielt keine große Rolle für Wechseljahrsprobleme, fand Beate Schultz-Zehden in ihren Umfragen heraus.

Nach den Wechseljahren können Sie die Pille vergessen. Kein entsetzter Aufschrei mehr: »Ich hab sie nicht genommen!« Sie müssen keine Nebenwirkungen mehr befürchten durch Medikamente zur Verhütung einer Schwangerschaft. Die monatliche Regel mit all den unangenehmen Begleiterscheinungen ist passé. Sie müssen sich nicht mehr genervt fragen, warum Ihre Blutungen ausgerechnet an dem Morgen eingesetzt haben, an dem Sie in weißen Jeans aus dem Haus gegangen sind und die Tampons vergessen haben.

Es gibt keinen Eisenmangel mehr durch den Blutverlust. Periodenbedingte Kopfschmerzen und Bauchkrämpfe plagen Sie nicht mehr. Leiden Sie an Endometriose (bei der sich Fetzen der Gebärmutterschleimhaut außerhalb des Uterus im Bauchraum ansiedeln) oder Myomen (gutartigen Geschwülsten), schrumpfen diese bedingt durch die veränderten hormonellen Gegebenheiten von selbst. Folge: Behandlung überflüssig.

Auch sonst ändert sich vieles. Der Nachwuchs hat oft schon Schuhgröße 39 bis 42, geht meist eigene Wege und verlangt keine Rundumpflege mehr. Sie haben mehr Zeit für sich selbst. Die Partnerschaft ist in ein ruhigeres Fahrwasser gelangt.

Sollten Sie einen neuen Partner suchen, machen Sie dies mit mehr Ruhe und Besonnenheit. Sie hetzen nicht mehr Abend für Abend von einem Event zum nächsten, um doch nur festzustellen, dass Mr. Right wieder mal woanders ist. Im Job sorgen Erfahrung und Sicherheit, erworben durch jahrelanges Training, dafür, dass Sie nicht wegen irgendwelcher Peanuts auf die Palme gehen.

Es könnte eigentlich alles ganz schön sein, wären da nicht diese Drohungen. Bald kommt es ganz dicke, liest und hört eine Frau ab vierzig überall. Am besten soll sie sich gleich zurückziehen in die Küche, an den heimischen Herd. Da wird ihr eh heiß, ihre Schweißausbrüche fallen also nicht weiter auf (obwohl die, sollten sie jemals kommen, wahrscheinlich noch Jahre entfernt sind).

Geht es aber um die Interpretation der Wechseljahre, dann wird oft ganz locker mit Jahren jongliert. Auch die Beschreibung der Probleme, die auftreten können, wird gern wie ein Kaugummi in die Länge gedehnt. Mit Hilfe sprachlicher Finessen soll häufig der Eindruck erweckt werden, dass jeder Frau ab vierzig schlagartig ein Abbau der Brust, ein Aufbau von Fettpolstern, eine ausgedörrte Haut, eine schrumpfende Vagina, ein unausgesetzter Harnfluss, ein in endlose Höhe schießender Cholesterinspiegel, ein sich dramatisch erhöhender Blutdruck, schlaflose Nächte, durchgeschwitzte Designerblusen, ein »Damenbart« (und Haare auf den Zähnen), Knochenschwund und schmerzende Gelenke drohen. Ein Teil der Frauen wird vom Herzinfarkt dahingerafft werden, teilt man ihnen mit, der durch die nun geänderte Hormonkonstellation mit verursacht werden kann. Und so ein Infarkt ist fast eine Gnade, wenn eine Frau sich vorstellen muss, dass sie all das soeben Beschriebene durchmachen müsste.

Doch längst nicht in allem, auf dem »Wechseljahre« draufsteht, sind auch Wechseljahre drin. Sie bekommen manches Etikett verpasst, das an ganz anderer Stelle angebracht werden müsste.

Jede Phase im Leben ist mit gewissen gesundheitlichen Problemen verbunden. Die gesundheitlichen Probleme jüngerer Frauen wurden ja schon aufgezählt. Dass jemand ein Anrecht darauf hat, jeden Tag seines Lebens zu hundert Prozent gesund zu sein, ist eine Utopie. Dass sie einen Anspruch auf absolutes Fehlen gesundheitlicher Probleme haben, wurde den Menschen in den fetten Jahren der Bundesrepublik eingeredet: in den späten Sechzigern, und den Siebzigern bis Mitte der achtziger. Ärzte, Arzneimittelhersteller, Apotheker, kurzum sämtliche »Leistungsanbieter« im Gesundheitswesen, brauchten den Patienten, um die Umsätze im sattgrünen Bereich zu halten.

Ob der Patient oder besser: die Patientin diese Leistungsanbieter auch so häufig brauchte, wie ihr eingetrichtert wurde, ist eine andere Frage. Auf alle Fälle brachten die Beitragszahler genügend Geld auf, also konnte munter diagnostiziert, therapiert und rehabilitiert werden. So entstand die Mär vom Anspruch auf Gesundheit.

Aber jede Lebensphase hat nun mal ihre Probleme. Die Erschöpfung, das Nicht-mehr-die-Nächte-durchmachen-Können, Verdauungsstörungen, schlechterer Schlaf, diese Probleme können in den Vierzigern auftreten. Auch Männer haben in dieser Lebensphase das eine oder andere Wehwehchen. Den Wechseljahren werden aber eine Reihe von Problemen angedichtet, für die sie nicht ursächlich verantwortlich sind.

In dieser Zeit produziert der weibliche Körper weniger von dem Geschlechtshormon Östrogen. Das kann tatsächlich zu Störungen des Monatszyklus, zu Hitzewallungen, Schweißausbrüchen, einer trockenen Schleimhaut der Vagina führen. In späteren Jahren steigt dadurch das Risiko für Osteoporose (Knochenschwund) und Arteriosklerose (Arterienverkalkung). Dies ist aber längst nicht bei jeder Frau der Fall. Trotzdem werden Frauen ab vierzig eine Flut von Krankheiten angedroht, als würden diese nun von heute auf morgen auftreten.

So wird den Frauen subtil suggeriert, dass sie nun behandlungsbedürftig werden. Die Therapie der Wechseljahre ist ein Riesenmarkt. Hormonpräparate gegen Wechseljahrsbeschwerden sind in den USA schon Topseller. Europa hinkt da noch ein wenig hinterher, aber das wird man schon noch schaukeln. Man muss nur genügend trommeln (»Wenn du das und das nicht tust, wachst du morgen auf und hast zehn zusätzliche Falten«), und schon schlucken viele Frauen – zuerst die Information und dann auch die Medikamente.

Natürlich gibt es Frauen, die in dieser Phase leiden, die körperliche und/oder seelische Probleme haben. Deren Beispiele werden dann oft benutzt, um allen Frauen zu suggerieren, sie müssten sich in medizinische Betreuung begeben. So lässt sich der Markt für Wechseljahrsprodukte prima erweitern. Was man erreicht: Frauen, über denen nach Aussagen der Leistungsanbieter ständig das Damoklesschwert schwebt, werden dieser Phase ihres Lebens kaum entgegenfiebern. Diese Drohungen machen ihnen solche Angst, dass sie allein dadurch schon krank werden, das Ganze wird zu einer sich selbst erfüllenden Prophezeiung.

Nicht nur die negativen Vorhersagen werden weit übertrieben, auch die Wirksamkeit der Produkte wird oft hochgespielt. Eine ganze Armada von Experten (und leider auch einigen Expertinnen) steht den Herstellern, Vertreibern und Verordnern von Produkten zur Seite. Die fabulieren dann munter vom Supergau im Leben einer Frau. Sie wissen oft nicht, was sie da tun, sie wissen aber in der Regel, warum sie es tun. Wegen des Geldes zum Beispiel. Studien, im Auftrag von Unternehmen durchgeführt, werden mehr als gut bezahlt, entweder an die Experten direkt oder in Form von Forschungsgeldern für Institutionen, für die diese Experten tätig sind.

Männer sind in ihrer Bewertung des Themas »Frauen in den Wechseljahren« überhaupt äußerst unsicher. So lehnte es eine bekannte Schauspielerin von Ende vierzig vor kurzem ab, in einer Anzeige eines Herstellers für Mittel gegen Wechseljahrsbeschwerden zu sagen, dass sie in den Wechseljahren ist.

»Dann kriege ich doch keine einzige Rolle mehr, in der eine Liebesszene vorkommt«, argumentierte sie. Im selben Jahr wurde diese Schauspielerin von den Männern zur erotischsten Frau Deutschlands gewählt. Die Wechseljahre werden verdrängt, weil sie ein schlechtes Image haben. Und wer verpasst ihnen das in der Hauptsache? Die Leute, die an der Behandlung eines zum Teil künstlich hochgespielten Themas verdienen.

Es gibt aber auch andere Ursachen für das negative Image der Wechseljahre. Da ist zum Beispiel die schlechte Ausbildung und die einseitige Information vieler Ärzte, zu denen Frauen ja meist gehen, wenn zum Beispiel ihre Periode unregelmäßig wird. »Es mangelt an einer neutralen, von der Pharmaindustrie unabhängigen Information der Ärzte«, stellte die AOK zum Thema »Hormontherapie in den Wechseljahren« fest. Es mangelt in der Ausbildung der Ärzte offenbar häufig an einem sensiblen Umgang mit dem Thema.

Kürzlich ging ich einige Fachbücher durch, die sich mit der Messung der Hormonspiegel im weiblichen Körper befassen. Zum Thema »Hormone in den Wechseljahren« fand ich in einer Veröffentlichung folgende Erläuterung für Ärzte: »Menopause (Phase nach der letzten Regelblutung): Übergang zum Senium (Senilität, Greisenalter); Hormongaben.«

Warum nicht gleich schreiben: Übergang zum Tod? Ein Arzt, der mit Hilfe derartiger Informationen therapiert, könnte einer Wechseljahrspatientin gleich einen geschmackvollen Grabstein empfehlen. Mediziner betreiben heute ja allerlei nebenbei, warum sollten sie keinen Deal mit Fiedhofs-Bildhauern machen?

Aber auch in anderen Bereichen boomt das Geschäft mit der Wechseljahrspanik. Die Nahrungsmittelindustrie, die Anbieter von Schlankheits- und Fitnesspräparaten und -geräten, die Psychobranche – alle wollen am großen Kuchen teilhaben. Und wenn er nicht für alle Anbieter reicht, wird der Teig eben etwas in die Länge gezogen. Dann werden den Frauen schon in einem Lebensalter Probleme angedroht, in dem sie normalerweise noch gar nicht vorhanden sind. Dann wird empfohlen, mit der Vorbeugung vor möglicherweise nie auftretenden Problemen schon im Teenie-Alter zu beginnen.

Das Geschäft mit der Midlife-Meise hat inzwischen die paradoxe Folge, dass man die vierziger Jahre im Leben einer Frau heute negativer bewertet als im Mittelalter, als zum Beispiel Hildegard von Bingen erst ab fünfzig Probleme auf die Frauen zukommen sah.

Wann immer sie kommen: Die Wechseljahre sind besser als ihr Ruf

Es gibt aber weibliche Wesen, die lassen sich nicht Bange machen. Die tanzen nicht nach der Pfeife anderer, sondern machen sich ihren eigenen Reim auf Geschehnisse in ihrem Körper. Sie sind gut drauf, fröhlich, fit. Selbstbewusste Frauen, die sich nicht reinreden, andere Menschen nicht dazwischenfunken lassen, wenn es um ihre eigenen Belange geht, die ihr Leben selbst in die Hand nehmen. Die an sich und ihre Ausstrahlung glauben – unabhängig von Zahlen, die etwas über ein Alter aussagen sollen. In Dekaden denken sie ohnehin nicht. Was bedeutet schon die Zahl 30, was die Zahl 40? Typische Hexen eben. Diese Frauen sind »im Wechsel« tatsächlich besser dran.

Wie zum Beispiel meine Kollegin Chris, die eine ältere Schwester von Pippi Langstrumpf sein könnte – nicht nur äußerlich. »Ich glaube, bei mir geht es auch schon los«, sagt sie und baut sich unternehmungslustig vor meinem Schreibtisch auf. »Ich schwitze nachts, und manchmal hab ich das, was man wohl Hitzewallungen nennt. Nicht dass mir das viel ausmacht. Aber meinst du, dass ich was dagegen tun sollte?«

»Wenn es dir auf den Wecker fallen sollte«, antworte ich ihr, »könntest du mal eine Heilpflanze nehmen. Die Traubensilberkerze – *Cimicifuga racemosa* ist der Fachbegriff – ist gut geeignet. Ich schreib dir mal zwei Namen von Präparaten auf. Die kriegst du rezeptfrei in der Apotheke. Du kannst auch versuchen, ob der Arzt sie dir verschreibt.«

»Wieso Arzt?«, entgegnet sie. »Na, er könnte ja mal sehen, ob alles okay ist …«, sage ich vorsichtig. »Ich bin doch nicht krank«, verkündet Chris entschieden. »Ich gehe in acht Wochen zum Check-up, aber früher nicht. Sag mir lieber, ob ich etwas Besonderes essen soll, bevor du dich hier zur Hüterin meiner Arzttermine machst.«

Ich empfehle ihr Soja. Die Frauen in fernöstlichen Ländern essen es massenweise und haben weniger Probleme. Außerdem lege ich ihr Vitamin E ans Herz und, viele gelbe und grüne Gemüse zu essen

Die Wechseljahre meiner Cousine Elvira verlaufen anders. Sie hat sich von mir zum Essen einladen lassen und fächelt sich jetzt mit der Speisekarte Luft zu. »Ich darf nichts essen. Ich kriege eine Figur wie Oma und die Großtanten sie hatten. Meine Hüften werden jeden Tag breiter, und mein Busen schrumpft schon, glaube ich.«

Elvira hatte zeit ihres Erwachsenenlebens Kleidergröße 34 und konnte zu Schleuderpreisen in den Kinderabteilungen einkaufen. Den Wechsel zu Größe 36 hat sie nicht verkraftet. »Mein Therapeut hat schon vor zwei Jahren gesagt, dass das eine harte Zeit für mich werden wird. Er hat eigentlich damit gerechnet, dass meine Wechseljahre viel früher anfangen. Aber jetzt hab ich die Hölle. Nachts kriege ich kein Auge zu. Ich bin total durchgeschwitzt. Ich muss mindestens einmal das Nachthemd wechseln. Meine seidenen Nachthemden kann ich vergessen. Du ahnst ja gar nicht, was ich durchmache. Meine Periode hört überhaupt nicht mehr auf.

Mein Gynäkologe hat mir gleich Hormone verschrieben, als das anfing, damit ich nicht so leide. Was der sich einbildet! Es ist die Hölle! Mein Heilpraktiker probiert nun einen ganz neuen Cocktail aus Ausschwemm-Substanzen aus. Durch die Hormone, die ich nehme, sammelt sich Flüssigkeit an. Ich will aber nicht dick werden.«

»Du nimmst doch hoffentlich ein Präparat mit Gestagen und Östrogen?«, frage ich sie. »Wenn du nur Östrogene schluckst, kann dein Brustkrebsrisiko steigen. Das solltest du ...«

»Woher soll ich das denn wissen?«, unterbrach Elvira mich. »Ich kann mich nicht auch noch damit beschäftigen. Es ist so schon eine schreckliche Zeit. Und außerdem, hast du bemerkt, dass hier im Lokal keiner geguckt hat, seit wir hier sitzen? Das gehört auch zu dieser furchtbaren Zeit, dass sie einen nicht mehr beachten. Du kannst dir überhaupt nicht vorstellen, was ich durchmache. Ich weiß nicht, wie ich das überleben soll.«

Eine Frau wechselt von der fruchtbaren Phase, in der sie Kinder bekommen kann, in die unfruchtbare. Dies geschieht nicht innerhalb weniger Jahre, sondern über einen langen Zeitraum hinweg. Ab dem dreißigsten Lebensjahr nimmt die

Wahrscheinlichkeit, schwanger zu werden, nach und nach ab. Bei Frauen zwischen fünfunddreißig und vierzig ist die Chance ein Drittel geringer als in den Jahren zuvor.

Ist eine Frau Mitte vierzig, gibt es in ihrem Monatszyklus manchmal erste Unregelmäßigkeiten. Normalerweise läuft der Zyklus wie folgt ab: Einige Zeit nach der monatlichen Regelblutung gibt das Gehirn über eine Hormonschiene einen Auftrag an die Eierstöcke: »Eine Eizelle freisetzen!« Der Eierstock schickt eine Eizelle durch die Eileiter in Richtung Gebärmutter. Dort wartet die Eizelle – na, auf was wohl? – auf das Sperma des Mannes.

Tritt der Glücksfall – oder Unglücksfall – »Eizelle trifft auf Spermien« nicht ein, wird die Frau also nicht schwanger, so gibt es keine Verwendung mehr für die Eizelle, ebenso nicht für die Gebärmutterschleimhaut, die der Körper sicherheitshalber schon mal aufgebaut hat, damit er einer Eizelle ein behagliches Plätzchen bieten kann – sollte sie denn befruchtet werden. Deshalb werden Eizelle und Gebärmutterschleimhaut abgestoßen und es kommt zur monatlichen Regelblutung.

Wenn die Frau Mitte vierzig ist, gibt das Gehirn den Eierstöcken immer noch regelmäßig den Befehl »Eizelle freisetzen«, aber die Eierstöcke »zicken« ab und zu. In manchen Monaten sehen sie keinen Anlass, eine Eizelle auf die Reise zu schicken. Das ist eine Art Hinweis: »Ewig lassen wir das nicht mit uns machen.« Das Gehirn denkt, sein Befehl sei nicht angekommen und fordert mit Nachdruck »Eizelle freisetzen!«

Die weiblichen Hormone Östrogen und Progesteron sind die Hauptverantwortlichen für das ganze Theater. Das Östrogen ist für die Arbeit in den Eierstöcken zuständig, das Progesteron für den Aufbau der Gebärmutterschleimhaut. Sie werden nicht mehr in den Mengen gebildet wie früher. Zuerst wird weniger Progesteron hergestellt und dann weniger Östrogen. Dies ist ein Vorgang, der sich über eine ganze Reihe von Jahren hinzieht.

Die Botschaften aus dem Gehirn an die Eierstöcke, endlich eine Eizelle freizusetzen, können zur »Überhitzung« führen. Der Organismus »läuft heiß«, das sind dann die Hitzewallungen und die Schweißausbrüche, mit denen einige Frauen in dieser Phase zu kämpfen haben. Das hat aber keine negative Langzeitwirkung auf den Körper. Die hormonelle Umstellung kann auch dazu führen, dass eine Frau nicht mehr so gut schläft wie früher oder dass – in Kombination mit der hormonellen Disbalance – auch die Seele aus dem Gleichgewicht gerät. Dies kann dann depressive Verstimmungen zur Folge haben oder Nervosität.

Wenn der Körper sich an die veränderte Situation gewöhnt hat, wenn das Gehirn eines Tages akzeptiert, dass seine Befehle sowieso ignoriert werden und nach und nach keine Signale mehr an die Eierstöcke gibt, bleibt die Überhitzung auch aus. Dass der Körper nun weniger von dem Geschlechtshormon Östrogen produziert (außer in den Eierstöcken befindet es sich zum Beispiel noch in den Fettzellen), kann viele Jahre später, wenn eine Frau längst sechzig oder siebzig ist, ein Mitverursacher von Knochenschwund (Osteoporose) oder Herz-Kreislauf-Problemen sein. Diese treten aber nur bei einem kleineren Teil der Frauen auf – und nicht nur die Hormone sind daran schuld, sondern noch weitere Faktoren.

Das alles passiert aber keineswegs von heute auf morgen. Wenn der monatliche Zyklus nicht auf Knopfdruck abläuft, ist Ihre Periode ab und zu unregelmäßig oder bleibt auch mal ganz aus. Zu Beginn der Wechseljahre können die monatlichen Blutungen auch mal länger dauern oder stärker sein. Das sind Hinweise darauf, dass sich nun nach und nach, über einen langen Zeitraum gesehen, Veränderungen ergeben werden.

Das Geschehen erstreckt sich über fast zwanzig Jahre. Wenn eine Frau bereits mit vierzig die Wechseljahre hinter sich hat, ist das ungewöhnlich früh. Schuld an dem vorgezogenen Wechsel ist dann eine genetische Mutation. Sie ist letztendlich verantwortlich für eine gestörte Reifung der Eizellen. Ansonsten beginnt er wie gesagt meist mit Mitte oder Ende vierzig.

Dann gibt es einige Jahre lang ein Auf und Ab: Mal bleibt die Regel aus, mal kommt sie. Mal treten Beschwerden auf, mal nicht. Da man nie sicher ist, ob nach einiger Zeit wieder ein Eisprung erfolgen wird, lässt sich auch nicht bereits nach einigen Monaten sagen, ob der Wechsel schon »durch« ist. In dieser Zeit sollte eine Frau noch Mittel zur Verhütung einer Schwangerschaft anwenden, wenn sie keinen Nachwuchs mehr haben möchte.

Erst wenn eine Frau seit einem Jahr keine Regel mehr hat, geht man davon aus, dass sie nie mehr menstruieren wird. Die Menopause ist erreicht, das endgültige Ende der Fruchtbarkeit. Diesen Termin erleben die Frauen im Durchschnitt mit zweiundfünfzig oder dreiundfünfzig Jahren. Es gibt aber auch Frauen, die haben mit Mitte bis Ende fünfzig noch mit weitgehender Regelmäßigkeit ihre Periode. Wenn die Menopause erreicht ist, bedeutet dies nicht automatisch, dass Ihr Körper sich nun vollkommen an die neue Situation gewöhnt hat. Es kann durchaus noch zu Hitzewallungen und Schweißausbrüchen kommen.

Um es noch einmal zusammenzufassen: Ab Mitte, in seltenen Fällen ab Anfang vierzig kann der Zyklus unregelmäßig werden. Mit Ende vierzig können Schweißausbrüche, Hitzewallungen, Schlaflosigkeit auftreten. Ab zweiundfünfzig oder dreiundfünfzig Jahren kann die Dicke der Haut abnehmen. Um diesen Termin herum legen einige Frauen Pfunde zu (was aber nicht unbedingt etwas mit den Wechseljahren zu tun haben muss).

Die Probleme, die häufig mit den Wechseljahren in Verbindung gebracht werden – von Osteoporose bis hin zum Schrumpfen bestimmter Organe –, kommen erst viele Jahre später: mit Ende sechzig, Anfang siebzig.

Viele Frauen blicken zwar gern in die Zukunft, den Beginn ihres Wechsels aber können auch sie nur erahnen. Man weiß, dass Frauen, die rauchen, früher in die Wechseljahre kommen. Einen gewissen Hinweis auf den Termin für die Menopause kann das Alter geben, in dem die Mutter sie erreicht hat.

Frauen, die leicht über dem Normalgewicht liegen, kommen manchmal ein wenig später in die Wechseljahre. Dass die Phase zu völlig unterschiedlichen Zeiten abläuft, macht deutlich: Es ist gar nicht möglich, pauschal über den Gesundheitszustand, die seelische Befindlichkeit sämtlicher Frauen ab vierzig zu urteilen.

Aber die Aussagen zu differenzieren, das würde den Abschied oder zumindest das Überdenken von Vorurteilen bedeuten.

Immer mehr Frauen gehen vorurteilsfrei an die Dinge heran. Sie lassen sich nicht einreden, dass ihnen ab Anfang vierzig das Wechseljahrsfiasko ins Haus steht. Erstens passiert der Vorgang später, und zweitens ist er kein Fiasko, sondern ein durchaus sinnvoller Abschnitt im Leben einer Frau, der den Übergang zu einer fruchtbaren Phase ganz anderer Güte bedeutet. Was die Wechseljahre oft schwer akzeptierbar macht, das sind die Vorurteile von Umwelt und vermeintlichen Experten – und leider auch die vieler Frauen.

Lassen Sie sich kein X für ein U vormachen. Im Wechsel werden Frauen nicht die Xanthippen, zu denen ihre Umwelt sie gern machen würde. Und: Die Wechseljahre sind keine Krankheit, sie sind eine Zeit im Leben der Frau – genau wie Pubertät und Schwangerschaft –, eine fruchtbare Phase. Im Leben eines Menschen kann es keinen Stillstand geben, sonst wäre es kein Leben. Wir entwickeln uns eben weiter.

Sollte eine Frau mit sechzig Jahren wirklich noch schwanger werden? Nerven wie Drahtseile hat eine Frau dann meist nicht mehr – und die braucht sie, wenn sie ein Kind aufzieht. Und will eine Fünfundsiebzigjährige sich tatsächlich noch mit den Problemen einer pubertierenden Tochter herumplagen? Es erscheint doch sinnvoll, wenn die Fruchtbarkeit der Frau ab einem bestimmten Zeitraum endet. Wenn ein Mann ein Leben lang Nachwuchs zeugen kann, mag das auch damit zusammenhängen, dass der sich nicht Tag und Nacht mit der Betreuung eines Babys oder eines Kindes befasst. Das besorgt ja die Mutter. Das Zeugen ist in fünf Minuten erledigt, das Aufziehen erfordert fast zwei Jahrzehnte. Wenn jemand das Loblied auf die reproduktive Zeit im Leben der Frau singt, und das, was folgt, als Abgesang bezeichnet, hören Sie diesem Chor der ewig Gestrigen nicht zu, sondern machen sich Ihren eigenen Reim auf Ihren eigenen Körper, auf Ihr eigenes Leben.

Frauen, die dem Panikorchester zuhören, sind nämlich tatsächlich nicht so gut dran wie ihre Geschlechtsgenossinnen, die sich nicht negativ beeinflussen lassen. Wenn eine Frau sich einreden lässt, dass Negatives auf sie zukommt, dann passiert das häufig auch. Die Ärztin Ulrike Brandenburg, Leiterin der Sexualmedizinischen Ambulanz der Universitätsklinik Aachen, hat im Rahmen einer Studie festgestellt: Frauen, die erfolgreich, selbstbewusst und stolz sind und die ein hohes Selbstwertgefühl haben, leiden selten unter den Wechseljahren.

Wenn eine Frau sich aber einreden lässt, nun sei »alles vorbei«, wenn sie vielleicht sogar noch Ängste wegen des Älterwerdens hat, dann ist dem Wechseljahrsfrust Tür und Tor geöffnet. Brandenburg hält es für einen Skandal, dass Frauen den – von außen beschlossenen – Wertverlust ertragen, ohne sich zu beklagen und ohne aufzumucken. Wer aufbegehrt und sich dies nicht bieten lässt, fühlt sich wohler. Wechseljahrsbeschwerden werden stark vom Selbstwertgefühl bestimmt, fand die Expertin für psychosomatische Medizin heraus.

Also: Lassen Sie sich nicht einreden, Ihr Wohlbefinden und Ihre Attraktivität seien an den Lebensjahren festzumachen. Arbeiten Sie mit anderen weisen Frauen zusammen, egal in welchem Alter Sie sind. Setzen Sie sich Ziele, ganz gleich, in welcher Lebensphase Sie sich gerade befinden. Erfolgserlebnisse haben Sie automatisch, weil Sie nämlich etwas leisten, häufig sogar etwas Außergewöhnliches. Glauben Sie an, faszinieren Sie sich für Ihre Vorhaben.

Und denken Sie daran: Der Hormonschlüssel taugt oft nicht, das Geheimnis der Wechseljahre zu knacken. Ob Sie in den Wechseljahren Probleme haben oder nicht, das hat nichts mit der Höhe irgendwelcher Hormonspiegel zu tun. Das ist eines der Ergebnisse von Ulrike Brandenburgs Auseinandersetzung mit dem Thema Wechseljahre. Es hat eher damit zu tun, wie Sie mit der Phase umgehen. Ob Sie sich das Krisenszenario einreden lassen oder sich ein eigenes Bild machen.

Nicht wenige Frauen haben inzwischen den Blickwinkel verändert. Beate Schultz-Zehden fand im Rahmen ihrer bereits zitierten Studien heraus: 1994 waren noch achtzig Prozent der Frauen der Meinung, dass etwaige Wechseljahrsbeschwerden durch hormonelle Veränderungen verursacht werden. 1997 glaubten mehr als die Hälfte der befragten Frauen, dass die innere Einstellung ein wichtiger Indikator dafür ist, ob eine Frau Probleme hat.

Mit dieser Einsicht haben die Frauen ein gutes Stück Freiheit gewonnen. Sie können die Wechseljahre in Eigenregie angehen anstatt schicksalsergeben auf das zu warten, was da auf sie zukommt, denn dann wären sie auf Hilfe von außen angewiesen. Seien Sie sich bewußt, dass Sie mögliche Probleme in den Griff bekommen können.

Die Art der Beschwerden kann sogar von dem Herkunftsland einer Frau abhängig sein. Im Rahmen einer Studie der Universität Kalifornien wurden 16 000 Frauen von vierzig bis fünfundfünfzig Jahren aus verschiedenen Ländern zu ihrem Befinden befragt. Die wenigsten Probleme hatten Frauen aus Japan und China: Ab und zu litten sie unter Herzrasen und Vergesslichkeit. Afro-Amerikanerinnen gaben Hitzewallungen und Trockenheit der Vagina als in dieser Lebensphase für sie typische Probleme an. Weiße Amerikanerinnen konnten schlecht schlafen. Frauen hispanischer Herkunft klagten über eine trockene Vagina und Harn-Inkontinenz. Dieses so weite Spektrum ist ein weiterer Beweis dafür, dass die Hormone nicht der Schlüssel zum Verständnis der Wechseljahre sind und dass es »die« typischen Beschwerden nicht gibt.

Trotzdem läuft die Kampagne munter weiter. Und selbst jene Personen, die etwas ändern könnten, halten sich bedeckt. »Frauen in den Wechseljahren sind bei uns in den westlichen Ländern weg vom Fenster«, sagte kürzlich eine Expertin für weibliche Gesundheit in einem Rundfunkinterview. Die Professorin verkündete zwar, dies sei in anderen Kulturen nicht der Fall – Frauen würden dort in dieser Phase sogar mehr Anerkennung erhalten –, aber in westlichen Kulturen sei es nun mal nicht so toll für die Frauen ab vierzig.

Muss alles ewig so bleiben? Steht die Mauer in Berlin noch? Wer sagt heute noch: »Trau keinem über dreißig«? Dass Frauen ab Mitte vierzig heute immer noch »heruntergeredet« werden, hat auch damit zu tun, dass sie nicht aufbegehren. Würden die Millionen Frauen sich für ihre Belange stark machen und sich nicht durch Angriffe anderer Bevölkerungsgruppen Schwächen und Mängel einreden lassen, sie könnten viel bewirken. Sich stark zu machen, sich für seine Altersgruppe einzusetzen, bedeutet auch, sich mit dieser Lebensphase zu versöhnen, zu wissen: Die Wechseljahre sind besser als ihr Ruf.

Die Wechseljahre haben eine A-Seite. Es gibt keinen Stillstand. Die Lebensuhr legt nicht an einem Punkt eine Pause ein, damit die Menschen diese Zeit ein wenig länger ausnutzen können. Wer weitergeht, der gewinnt: an Erfahrung, Wissen, Selbstsicherheit, er gewinnt an Urteilsvermögen, ist nicht so rasch in seinen Grundfesten zu erschüttern, wenn etwas schief läuft, er geht nun eher zielgerichtet auf Erwünschtes zu, trödelt nicht auf Nebenstraßen herum, wenn er etwas erreichen möchte.

Frauen werden häufig empfindsamer, sensibler, sind viel offener für ganz subtile Einflüsse. Die können aus der Natur kommen, von den Mitmenschen ausgehen. Die Wechseljahre leiten langsam über zu mehr Gelassenheit und Harmonie. Die Seele kommt zur Ruhe, man läuft in ruhigeres Fahrwasser ein. Mit dem Wechsel steuert man ganz sanft und mehr oder weniger unbewusst auf neue Ufer zu. Jetzt kann Ballast über Bord geworfen werden auf dem Weg zu den unbekannten Küsten.

Was früher das große Liebesdrama bedeutete oder die ultimative Liebe, die garantiert nie enden würde – in der neuen Phase entlarvt sich für viele Frauen eine Lovestory unter Umständen als Strohfeuer, bevor sie sich die Finger daran verbrennen kann. Sie schenken unsinnigen Versprechen nicht so leicht Glauben, rasen nicht mehr blind in Sackgassen, aus denen sie nur mit Blessuren wieder herauskommen. Sie hasten nicht mehr von einem Event zum nächsten. Ihr Leben ist nicht mehr mit der Kerze vergleichbar, die an beiden Enden brennt. Das Lebenslicht flackert nicht mehr wild, es zeigt ihnen eher sanft erfreuliche Perspektiven auf. Wünsche nach Harmonie, Frieden, Stille, An-sich-selbst-Denken tauchen auf. Häufig steht ihrer Erfüllung nichts im Wege.

Die Frauen haben nun mehr Zeit für sich. Die Kinder sind oft schon groß. Probleme, deren Lösung früher fast unmöglich schien, sind heute eher Routine. Frauen, die vollkommen für die Familie gelebt haben oder im Beruf in einen enervierenden Alltagstrott geraten sind, spüren andere Sehnsüchte. Bei ihnen kommt häufig der Wunsch auf, die ausgetretenen Pfade zu verlassen. Sie suchen nach neuen Wegen, neuen Aufgaben.

All das passiert nicht von heute auf morgen. Die Veränderungen bahnen sich sanft und über einen längeren Zeitraum an. Und eines Tages steht dann fest, was passieren soll. Man sollte bestimmte Dinge nicht zu sehr forcieren, nicht etwas verändern, wenn man nicht ganz davon überzeugt ist. Die Kunst für das Erreichen des Lebensglücks besteht auch im Abwarten.

In den Wechseljahren ist vieles gereift an Wünschen, Träumen, Sehnsüchten, Vorstellungen von Veränderungen. Plötzlich weiß die Frau, was sie will, wohin sie will. Dass sie diese Wünsche dann auch Realität werden lässt, dass sie diese Ziele ganz beharrlich ansteuert, dass sie ein neues Durchsetzungsvermögen erworben hat, daran ist auch die Tatsache schuld, dass ein neues Hormon in etwas höherer Dosierung in ihrem Leben eine Rolle spielt: Der Körper produziert nun mehr von dem männlichen Hormon Testosteron. Dadurch wird sie durchsetzungsfähiger, geht Dinge mit mehr Entschlossenheit an. Die launischen Hormone Östrogen und Progesteron aber locken nicht mehr so ohne weiteres auf die abenteuerlichsten Pfade der unglücklichen Liebe, der sinnlos verschwendeten Leidenschaften.

Dass das Leben eine Zeit der Reife ist, in der irgendwann die Liebeshormone nicht mehr verrückt spielen, in der eine Frau sich die Finger nicht mehr an aberwitzigen Feuerwerken der Leidenschaft verbrennt, das verrät so gut wie niemand. Nach den Wechseljahren kommt angeblich die Phase der großen Traurigkeit, in der Frauen in Verzweiflung verfallen sollen.

Tatsächlich beginnt eine schöne Zeit der Suche – der Suche nach dem, was sie selbst wollen, nicht nach dem, was die anderen erwarten. Diese neue Sicht der Dinge macht Frauen stark, macht sie häufig unangreifbar. Und das ist der Umwelt oft ein Dorn im Auge. Die will Frauen lieber in ganz anderen Rollen sehen, zum Beispiel in der einer Patientin, die sich in der neuen Lebensphase ganz ihren Krankheiten widmet. Aber Sie wissen's ja wohl schon: Richtige Hexen schlagen den Negativpropheten auch in diesem Fall ein Schnippchen.

»Ab vierzig kommen die Krankheiten gleich reihenweise, und sie gehen meist nicht mehr«, das ist einer der Sprüche, mit denen Frauen auf ein neues Lebensjahrzehnt eingestimmt werden. Sich gut zu fühlen ist nun angeblich nicht mehr der Lebenszeit gemäß. Die Probleme, die auf die Frauen zukommen, werden in den Berichten aus Dichtung und Wahrheit oft mit den Folgen der Wechseljahre assoziiert. Aber auch vom bösen Schicksal zu reden, von der schweren Krankheit, die eine Person in der Mitte des Lebens hinraffte, ist beliebt.

Schwarzseher sollen gern ihrem Hobby nachgehen, aber bitte nicht auf Kosten der Frauen. Zunächst einmal: Die meisten großen Zivilisationskrankheiten tragen diesen Namen aus einem bestimmten Grund. Sie sind eher Folgen unserer Lebensweise als schicksalsgegeben. Herz-Kreislaufbeschwerden mit ihren Risikofaktoren wie Arterienverkalkung, Bluthochdruck, Übergewicht, Rauchen, zu wenig

Bewegung, Stress, hohem Cholesterinspiegel sind oft eine hausgemachte Krise. Bei Frauen wird ein Herzinfarkt sogar bis zu achtzig Prozent durch diese – weitgehend lenkbaren – Risiken verursacht. Nur der Rest ist Schicksal. Wer abnimmt, reduziert oft den Blutdruck und den Cholesterinspiegel gleich mit. Wer Sport treibt, sich fit hält, ebenfalls.

Diabetes ist eine Folge von starkem Übergewicht, falscher Ernährung, Bewegungsmangel. Die bei Frauen am häufigsten auftretenden Krebsarten wie Brustkrebs, Darmkrebs, Gebärmutterkrebs, Lungenkrebs werden in viel stärkerem Maße durch die Lebensweise verursacht als durch die Vererbung (das Schicksal). Eine gesunde Ernährung, wenig Fleisch und wenig Fett, sich viel bewegen, nicht rauchen, Normalgewicht halten, mäßig Alkohol trinken, sind vorbeugende Faktoren.

Osteoporose, der Knochenschwund, lässt sich häufig verhindern: durch eine Ernährung mit viel Calcium (Milch und Käse zum Beispiel), wenig Cola und Kaffee (Calciumräuber), durch sportliche Betätigung und das Einhalten des Normalgewichts (allzu strenge Diäten führen allerdings oft zu ungesundem Untergewicht.).

Nehmen Sie Ihr gesundheitliches Schicksal selbst in die Hand und sorgen Sie dafür, dass die hausgemachten Krankheiten bei Ihnen keine Chance haben. Selbst dem »Älterwerden« allgemein, dessen fatale Folgen den Vierzigjährigen nun ja auch schon nahe gebracht werden, lässt sich zum Teil ein Schnippchen schlagen. Zwischen dem chronologischen (also »Echtzeitalter«) und dem funktionellen Alter (wie Ihr Körper funktioniert und Sie sich fühlen) können große Unterschiede bestehen.

Die Weltgesundheitsorganisation WHO hat in ihrer Arbeitsgruppe »Altern« viele Mythen entlarvt. Älterwerden ist kein homogener Prozess, der vom Schicksal bestimmt wird, wurde zum Beispiel festgestellt. Hier wirken vielmehr genetische Bedingungen und Lifestyle-Faktoren zusammen. Und letztere können Sie positiv beeinflussen: durch einen gesunden Lebensstil.

In den Wechseljahren sollten Sie Medikamente nur dann einnehmen, wenn Sie Beschwerden haben oder Sie einem Problem vorbeugen wollen. Die Wechseljahre sind keine Krankheit. Sie sind eine Phase im Leben einer Frau wie andere Abschnitte auch. Es ist ein normaler physiologischer Vorgang, wenn der Körper nicht mehr die gleichen Mengen der Hormone Östrogen und Progesteron produziert wie früher. Auch die Produktion anderer Substanzen wird im Laufe der Jahre gedrosselt, eingestellt oder gesteigert. Wenn Sie diese Substanzen durch Hormonpräparate ersetzen wollen: Zu Beginn der Wechseljahre wird weniger Progesteron produziert, dann helfen Mittel mit Gestagen (nachgebildetes Progesteron). Später sinkt auch der Östrogenspiegel, dann ist eine Kombination aus Östrogen und Gestagen angebracht.

Hormone helfen recht zuverlässig gegen mögliche Wechseljahrsbeschwerden wie Schweißausbrüche, Hitzewallungen und gegen Schlafstörungen. Sie beugen mit großer Sicherheit der Osteoporose vor (für diesen Zweck gibt es aber auch andere Präparate, zum Beispiel mit Calcium und mit Fluoriden). Ob Hormone Herz-Kreislauf-Leiden (und besonders dem Herzinfarkt) vorbeugen, ist nicht bewiesen. Frauen mit einer koronaren Herzerkrankung sind aber durch eine Hormontherapie eher gefährdet als geschützt.

Die Vermutung, dass eine Hormontherapie die Gefahr von Brustkrebs leicht erhöhen kann, ist nicht endgültig widerlegt. Außerdem können die künstlichen Hormone bei einigen Frauen bewirken, dass sie an Gewicht zulegen.

Wenn Sie sich schon jetzt darauf vorbereiten möchten, den Wechsel mit Hilfe natürlicher Mittel zu bewältigen statt mit Hormonen, erhalten Sie hier einen Überblick* über einige Heilpflanzen mit hormonähnlicher Wirkung:

Angelika regt den Eisprung und die Produktion von Östrogen an (für die frühe Phase der Wechseljahre, in chinesischen Frauentees enthalten).

Basilikum regt Libido und Eisprung an (für die frühe Phase der Wechseljahre).

Beifuß regt die Produktion von Östrogen und Progesteron an (frühe Phase, Tee fördert Eisprung und Entschlackung).

Färberginster hat eine schwach Östrogen-artige Wirkung.

Frauenmantel hat eine schwach Progesteron-artige Wirkung.

Tee aus frischen *Hopfen*zapfen zubereitet steigert bei Frauen die Liebeslust (bei Männern bewirkt er das Gegenteil).

Koriander soll eine Östrogen-artige Wirkung haben, Belege dafür fehlen jedoch.

Küchenschelle hat eine Progesteron-artige Wirkung.

Melisse hat eine milde Östrogen-artige Wirkung.

---

* Quelle: Naturheilpraxis 9/99

Mönchspfeffer wirkt ebenfalls ähnlich wie Progesteron.

Raute steigert die Libido.

Rhapontik-Rhabarber wird bei Wechseljahrsbeschwerden als verschreibungspflichtiges Produkt Phytoestrol eingesetzt.

Rosmarin hat eine milde aphrodisierende Wirkung und fördert den Eisprung (frühe Phase).

Salbei hat eine Östrogen-artige Wirkung, hemmt Schweißausbrüche (wichtig bei wechseljahrsbedingtem Schwitzen).

Traubensilberkerze hat eine Östrogen-artige Wirkung, ist in Form von Präparaten im Handel erhältlich. Hilft auch gegen Schweißausbrüche, Schlaflosigkeit, soll die Psyche aufmuntern, ist das verbreitetste pflanzliche Wechseljahrsmittel.

Yamswurz hilft bei Progesteronmangel (frühe Phase der Wechseljahre, wenn es zu Regelstörungen kommt); als Salbe, verschreibungspflichtig.

Wenn die Seele, bedingt durch die hormonellen Veränderungen, ein Wechselbad der Gefühle durchmacht, kann das zu depressiven Verstimmungen oder Lustlosigkeit führen. *Johanniskraut* hilft hier, die psychische Balance zu finden. Gegen Schlafstörungen wirken *Passiflora, Baldrian* und *Hopfen.*

Präparate oder Teedrogen sollten Sie sich zunächst von einer Ärztin oder einem Arzt für Naturheilverfahren verordnen lassen (oder deren Einnahme besprechen). Kräuter gibt es in Apotheken beziehungsweise Reform- oder Bioläden, Drogerien.

Auch die gute alte Hexenküche hilft Ihnen in dieser Phase: Soja hat eine Östrogen-artige Wirkung. Also: Von Milch bis

Sprossen wird Soja genossen. Vitamin E wirkt Wechseljahrsbeschwerden entgegen. Es ist zum Beispiel enthalten in Pflanzenölen, Nüssen und Getreide. Gelbe und grüne Gemüse regen die Funktion der Eierstöcke an, ergaben japanische Forschungen. Bohnen, Broccoli und andere Kohlsorten, Spinat und Möhren sind hier die Spitzenreiter.

Sieben hexische Regeln für den Wechsel

1. Die Wechseljahre werden nicht umsonst Klimakterium genannt, von lateinisch *climax*, Gipfel. Frauen sind in dieser Phase auf dem Höhepunkt ihres Lebens. Wenn ihnen jemand eine Berg(ab)predigt hält, schalten sie ab.
2. Richtige Hexen hören einfach weg, wenn ihnen jemand sagt: »Frauen sollten schon ab vierzig Hormone nehmen, und dann für den Zeitraum, in dem Herz-Kreislauf-Beschwerden und Osteoporose vorgebeugt werden soll.« Dies kann bis Mitte siebzig sein. Die neuesten Forschungsergebnisse gemahnen: Hormone sollten nicht länger als sechs Jahre genommen werden. In diesem Zeitraum soll kein erhöhtes Krebsrisiko durch Hormonpräparate bestehen. Deshalb sollten Frauen sie nur anwenden, wenn sie gravierende Probleme haben.
3. Lassen Sie sich nicht erzählen, der Märchenprinz käme nicht mehr, wenn Sie in den Wechseljahren sind. Für Hexen ist ein Happy-End von keiner Jahreszahl abhängig.
4. Entscheiden Sie sich für den Wüstenlook – für den Fall, dass Sie wegen Überhitzung ein Kleidungsstück ablegen müssen: T-Shirt, Bluse, und eine Weste oder ein anderes

Kleidungsstück darüber. Neben dem Zwiebellook helfen auch die derzeit beliebten kurzärmeligen Pullover mit dazugehöriger Jacke. Derzeit ist es sogar trendy, im Winter kurzärmelige Pullis zu tragen. Packen Sie morgens ein zweites T-Shirt oder eine zweite Bluse ein. So können Sie sich gelassen umziehen, wenn das erste durchgeschwitzt ist.

5. Glauben Sie der Werbung nicht, die Ihnen verspricht, dass eine Östrogentherapie Ihrer Haut die Glätte eines Kinderpopos gibt. Östrogen wirkt nur auf die Collagenfasern in der Haut. Muskeln und Muskelstränge (deren Beschaffenheit sich in den Wechseljahren verändert) lassen sich durch das Östrogen nicht beeinflussen.
6. Lassen Sie sich nicht einreden, die Wechseljahre seien der Weg in den Abgrund. Sie sind nicht gerade der Garten Eden, aber was sich während des Wechsels ändert, bringt Ihnen eine fruchtbare Zeit ganz anderer Art.
7. Die Wechseljahre sind keine Krankheit. Was Frauen krank macht, ist die unqualifizierte Art, in der die Umwelt und die Geschäftemacher mit dem Thema umgehen.

Auf dem Besen zum Höhenflug im Job

SAT.1 sucht eine Nachfolgerin für mich:
Sie soll neunzehn sein, zwei Kinder haben, zweimal
geschieden sein und einen großen Busen haben.

Andrea Kiewel, TV-Moderatorin

Bianca, neunundzwanzig, hat schon wieder einen Weinkrampf. Sie hat längere Zeit nicht die Pille genommen, dann den absoluten Traummann kennen gelernt und sich schnell irgendeine Antibabypille besorgt. Es war wohl die falsche. Sie bekam eine andere verschrieben, aber da wurde es nur noch schlimmer. Die Hormone sind total durcheinander. »Ich krieg gleich einen Nervenzusammenbruch, ich kann heute nicht arbeiten«, schluchzt sie.

Tatjana, achtundzwanzig, macht ihr PMS wieder mal total fertig. Sie hat rasende Kopfschmerzen, selbst tolerante Kolleginnen bezeichnen sie heute als »zickig«. »Ich fühle mich aufgeschwemmt wie ein Nilpferd. Ich geh mal eben in die Apotheke und hol mir was.« Dass dieser Weg zur Apotheke eine Stunde dauern kann, wissen die Kolleginnen aus Erfahrung.

Anke, zweiunddreißig, war eben auf der Toilette und hat das Frühstück ausgespuckt. Die Morgenübelkeit. Sie erwartet ihr erstes Baby.

Inmitten dieser topfitten jungen, supergesunden Frauen ohne die geringsten gesundheitlichen Probleme, dieser von Wirtschaft, Gesellschaft, Medien und Trendmachern überaus geschätzten Frauen steht Katja, dreiundvierzig, wie ein Fels in der Brandung.

Sie prüft, wer Tatjana während ihrer Expedition zur Apotheke vertreten kann, sie tröstet Bianca. Denn als Hexe mit Lebenserfahrung weiß sie: Deren Problem liegt nicht nur in der Pille begründet, sondern in dem Mann, um dessentwillen sie die nimmt. Der Traummann ist seit einer Woche verschwunden, meldet sich nicht, obwohl Bianca neunundneunzig Mal auf seinen Anrufbeantworter gesprochen hat. Die erfahrene Kollegin wird ihr am Abend schonend verklickern, dass sie den hundertsten Anruf besser unterlässt.

Die gestandene Frau selbst hat heute Morgen zwei Ersatz-T-Shirts in den Aktenkoffer gepackt. Sie hat nämlich manchmal Hitzewallungen. Und während ihre jungen Kolleginnen munter über ihre gesundheitlichen Probleme plaudern (»Gabi lässt eine Bauchspiegelung machen, es klappt nicht mit der künstlichen Befruchtung. Die ist jetzt erst mal eine Weile weg.«), wechselt sie klammheimlich das T-Shirt, sagt sich »Schwamm drüber« und behält ihr gesundheitliches Problem für sich. Sie glaubt, gute Gründe dafür zu haben.

Gerade gestern Abend auf der Heimfahrt vom Job hat Katja in der U-Bahn auf einem TV-Bildschirm diese wichtige Neuigkeit gelesen: »In Hamburg sind fünfundfünfzig Prozent der Arbeitnehmer unter vierzig Jahre alt.« Dann hat sie sich daran erinnert, dass sich Wirtschaft und Handel seit zehn oder fünfzehn Jahren über die extrem schlechte Ausbildung der jeweiligen Schulabgänger beklagt haben. In diesem Jahr sollen deren Wissenslücken so groß sein, dass man in den Boden versinken möchte vor Scham über das Bildungsniveau des Standortes Deutschland. Ein Großteil dieser unzureichend Ausgebildeten muss sich inzwischen bereits eher schlecht als recht durchs Berufsleben schlagen. Aber – diese Gruppe wird gefeiert.

Katja hat sich auch gefragt, wie diese Jubelmeldung über die hohe Zahl der Arbeitnehmer unter vierzig zusammenpasst mit dem von Wirtschaft und Politik geforderten Paradigmenwechsel in puncto Qualifizierung älterer Arbeitnehmer. Die Zahl der jungen Menschen, die in den Arbeitsmarkt eintreten, nimmt wegen des Geburtenrückgangs ständig ab. Die Unternehmen müssten von ihrer einseitigen, auf junge Arbeitnehmer ausgerichteten Personalpolitik Abschied nehmen, heißt es im Berufsbildungsbericht 2001 der deutschen Bundesregierung. Und auch die Spitzenfunktionäre der Wirtschaft singen plötzlich Loblieder auf Leistungsfähigkeit, Belastbarkeit, Erfahrungsschatz der älteren Arbeitnehmer. Ihre Qualifizierung und ihre Weiterbildung werden gefordert.

»Dann kommt demnächst wohl die lebenslange Arbeitszeit auf uns zu«, ist für Katja klar. Sie spielt da nicht mit, denn sie hat in ihre Glaskugel geblickt und sich ein eigenes Bild gemacht. Die Führungsetagen vieler Unternehmen, das mittlere Management, sind inzwischen reihenweise von dem Virus befallen, das an Faltenphobie, Jugendwahn und Kinderkult schuld ist. Getreu der Untergangsdevise: »Wir sind ohnehin bald ein Standort a. D., und wenn wir schon untergehen, dann bitte inmitten faltenfreier Mitarbeiter, mit stromlinienförmig designten Körpern.« Sterben inmitten von Schönheit ist eher angesagt, als mit Hilfe normaler Mitarbeiter zu überleben.

Jede Telefonistin im dunklen Hinterzimmer wird danach ausgewählt, ob sie in einer TV-Show den Preis der attraktivsten Kandidatin bekommen würde. Was will man auch erwarten von (männlichen und weiblichen) Vorgesetzten, wenn diese selbst morgens vorm Job ins Sonnenstudio rennen, plastische Chirurgen zu ihren Hausfreunden zählen, Muskelaufbau oder -abbaupulver schlucken und ihre Wohnung im ausgebauten Fabrikloft mit Foltergeräten für den Traumbody voll gestopft haben?

Führungskräfte haben ihre Mitarbeiter zu allen Zeiten nach teilweise merkwürdigen Kriterien ausgewählt. In allen Jahrhunderten wurden aus persönlichen Interessen Freundschaftsdienste erwiesen, wurde einem anderen ein Gefallen getan. Auch die Vorliebe schwacher Vorgesetzter für noch schwächere Untergebene ist ein beliebter Weg in die Erfolglosigkeit. Ein häufiger Fehler aber ist das Einer-wie-ich-Syndrom: Der Boss wählt die Person aus, die ihm ähnlich ist. Das gilt nicht unbedingt für das Äußere, sondern auch für Lebenswege (unter Umständen auch Brüche im Lebensweg), für Eigenschaften und Ansichten. Wer einen Kandidaten als sich ähnlich einstuft – und ihn einstellt –, bestätigt sich damit automatisch den eigenen Wert. Häufig stürzen dann auf diese Weise entstandene Abteilungen gemeinsam ab.

Dass Führungskräfte, die sich im Klammergriff des Für-immer-jung-Wahns, der Faltenangst und der Pfundephobie befinden, verstärkt nach ihresgleichen suchen, ist eigentlich logisch. »Die hat Biss«, hieß es von einer Kandidatin, die die Chefin einer Werbeagentur gegen den Willen ihrer Mitarbeiter einstellen wollte. »Das ist für eine Frau mit Bulimie ja auch lebensnotwendig«, tuschelten die Mitarbeiterinnen unter sich.

Für die meisten Vorgesetzten stellt die Qualifikation ein eher untergeordnetes Kriterium dar. Eine Kollegin aus Berlin, die dort im Bereich der Printmedien arbeitet, rief mich alarmiert an. »Sie wollen mir eine Jungredakteurin aufs Auge drücken, die schreibt ›formuliert‹ mit ›v‹. Sie weiß nicht mal, dass Trittin Umweltminister ist und soll den interviewen!« »Es gibt doch heute Rechtschreibprogramme«, habe ich ihr geantwortet. »Und vielleicht ist Trittin nicht mehr lange in diesem Job. Also muss sie ihr Köpfchen gar nicht mehr mit seinem Namen belasten. Sie kann sich stattdessen der Pflege des äußeren Teils ihres Kopfes widmen. Das ist heute das Entscheidende: Den sichtbaren Teil in Superform zu bringen, was du drinnen hast, interessiert niemanden.«

Die Dame, die Trittin nicht kannte, hatte Rehaugen, einen vom Chirurgen auf D-Körbchen-Größe gebrachten Busen, eine Haarmähne wie die Blonde in »Drei Engel für Charlie«, nur in dunkler Ausführung. Auch ich kannte die Vorlieben des Herrn, der sie eingestellt hatte: Rehaugen, Superbusen. Blonde Frauen mit Bienenstich-Busen schreiben nicht so gute Texte, denkt er. Es gibt Medienanstalten, die sind für einige Jahre gut gefüllt mit 1,85 Meter großen Frauen mit mittellangen bis langen blonden Haaren und kräftigen Beinen – Brunhilde in Blond, hier hat ein Zwerg seine Phantasien ausgelebt, und nach seinem unfreiwilligen Abgang sind die Damen zurückgeblieben.

Um bei dem Beispiel zu bleiben: Im Medienbereich wird stetig ein »Mehr« an Ausbildung gefordert. Ob das letztendlich einen guten Job einbringt, ist fraglich. Und wenn die zweite oder dritte Wahl das Rennen macht, greift die Möglichkeit vom Schönreden, vom »Hochloben«. (Kritiklose Berichterstattung kann übrigens durch diese Fehlentscheidungen mit entstehen.)

In den USA wurde ein interessantes Experiment gemacht: Man kündigte den Lehrern einer Schule an, dass einige besonders begabte Schüler mit außergewöhnlichen Fähigkeiten in ihre Klassen versetzt würden, Spitzenschüler mit Spitzennoten. Tatsächlich waren es Kinder mit eher unterdurchschnittlichen Noten. Die Lehrer hätschelten die vermeintlichen Wunderkinder, förderten sie, wann immer es möglich war, lobten sie über den grünen Klee. Andere Lehrer fielen auf die Äußerungen der Kollegen herein und hielten deren Lieblinge nun auch für etwas Besonderes. Unbewusst – zum Teil wohl auch bewusst – wurde nun alles getan, damit die Wunderkinder diesen Ruf behielten. Die Lehrerschaft wollte nicht zugeben, dass sie sich getäuscht hatte in der Einschätzung der Zöglinge.

Im Beruflichen greift genau der gleiche Automatismus: Stellt der Boss eine Person ein, die für eine Position nicht geeignet ist, dann wird er sie stützen, solange es möglich ist, um sein Gesicht nicht zu verlieren. Wird Mitarbeitern erzählt, dass es sich bei dem neuen Kollegen um eine wahre Granate handelt, wagen nur sehr Selbstbewusste Kritik, bevor diese Granate explodiert und größeren Schaden anrichtet.

Es gibt aber auch die Umkehrversion: Jemand wird heruntergeredet. Ein Vorgesetzter kann diese Person nicht leiden, ein Boss mag eine Altersgrupppe nicht sehen, eine Firma hat sich »Forever young« auf die Fahnen geschrieben – und schon sind bestimmte Jahrgänge nicht mehr »leistungsfähig«. Nun wird nach Fehlern gesucht. Dies können dann lächerliche Dinge sein.

»Die sieht heute so blass aus«, stellt ein Vorgesetzter fest. Es zählt nicht mehr, dass eine Mitarbeiterin trotz ihrer Erkältung in den Job gekommen ist. Ihr Aussehen missfällt, man hätte gern ein Girl im Pin-up-Look vor sich. Zum einen sind viele auf den eigenen Auftritt fixierte Mitarbeiter der mittleren oder oberen Führungsebene oft von panischer Angst vor dem Älterwerden besessen. Wer seine Freizeit in Sonnen- und Fitnessstudios, seine Urlaube in Body-Wettbewerbs-Clubs verbringt (wer zeigt den schönsten Körper?), Cabriofahrten zum Zwecke des Frisuren-Härtetests durchführt, in Restaurants und Diskos nur prüft »Wie hoch ist der Neid-Faktor, den ich erziele?« – kurzum: wer sein Privatleben als Wettbewerbsnummer sieht: »Bin ich der Beste, der Größte, der Attraktivste?«, den erinnert die Präsenz von Vierzigjährigen daran, dass er selbst auch schon fünfzig ist.

Also versucht er, die Flucht in die Vergangenheit anzutreten, indem er die eigene Altersgruppe ablehnt – zumindest, was die Frauen betrifft. Überall wird von Fortschritt, von geistiger und räumlicher Mobilität, vom Nach-vorn-Blicken geredet. Ist ein Festklammern an der eigenen Vergangenheit ein Fortschritt? Wer ist hier rückständig? Das sind die Machos alten Stils. Auch wenn sie einen Nadelstreifen-Anzug oder eine der neuen Varianten dessen anziehen, sind sie Nieten, was ihre Beziehungen zu ihren Mitmenschen und Mitarbeitern angeht.

Im Karrierespiel nach männlichem Muster können sie durchaus nach oben kommen – wenn sie zur rechten Zeit die Jacketkronen blecken, einen alten Kumpel in irgendeiner Chefetage haben, mit einem plötzlich aufgestiegenen Schulfreund eine Leiche im Keller haben oder wenn der zum Chef eines Mittelstandsbetriebes Aufgestiegene einen Skatbruder braucht.

Zum anderen dringen Mamas neue Söhne jetzt in die Führungsetage vor. Schlechte Noten? Mama geht gleich zum Rektor. Ihr Kind ist Spitze! Mit dem Fußball die Scheibe in der Nachbarsvilla zerdeppert? Mamas Liebling nicht! Mama droht mit Klage, falls der Nachbar das noch mal behauptet. Mama klagt für ihren Liebling alles ein: den Verbleib auf dem Gymnasium (für das er nicht geeignet war), einen Studienplatz im Fach seiner Wahl (»Mein Sohn kann das.«) und in der Stadt seiner Wahl (»Mein Sohn kann nicht in Frankfurt leben.«). Die Behauptung, er würde Kokain schnupfen, muss zurückgenommen werden (»Mein Sohn tut das nicht.«), die Behauptung, ihr Sohn habe im Alter von neunzehn im Geschwindigkeitsrausch einen Unfall verursacht, ebenfalls (»Schuld waren die anderen.«).

Mama ist der Schrecken der Rechtsschutzvereine, der Schulen, Sportvereine, Suchtberatungsstellen, Universitäten – und der Mädchen. Und dann kommt Mamas Liebling ins Berufsleben und – nach altbewährtem Strickmuster für Männerkarrieren – vielleicht sogar vorwärts: Papa hat Kontakte und Mama zwingt ihn, die überzustrapazieren. So macht er Schritt eins. Der Sohn hat einen Studienfreund, der der Witwe eines Konzerninhabers gefallen und die ihn deshalb zum Geschäftsführer gemacht hat.

Damit ist Schritt zwei getan. Der Sohn ist einer männlichen Führungskraft innerlich und äußerlich ähnlich: innen hohl, außen Armani, Bodybuilding, gelockte braune Haare, leicht aufgeschwemmt (der Edel-Italiener weiß um den Kalorien-Reichtum seiner Gerichte). Also – kurzum: Der Mama-Sohn bekommt nun Macht über eine paar Leute.

Wehe den Frauen, die im Alter seiner Mama (oder auch etwas darunter) sind! Denn nun versucht er endlich, sich von Mama zu lösen. Auf wessen Kosten geschieht das wohl? Stellvertretend für seine Mama müssen nun die Frauen ihrer Altersgruppe herhalten. Also nimmt er sich die vor, die ihm unterstellt sind.

Diese schöne neue Arbeitswelt ist kein Grund zum Verzweifeln. Denn ganz gleich, ob Alt-Machos ihre Ängste ausleben oder die Zimmer in der ihrer Führung unterstehenden Etage mit Pin-up-Girls dekorieren möchten, ob Menschen mit Altersphobie ihre Ängste auf Kosten anderer ausleben oder Mamas Waschlappen im Kampf gegen gestandene Frauen erwachsen werden wollen – all diese Helden brauchen Arbeitsbienen. Das heißt: Es muss ein gewisser Prozentsatz an fähigen Leuten vorhanden sein, damit der Laden, die Etage, das Team nicht eine Schussfahrt ins Tal antreten. Deshalb können sie nicht sämtliche fähigen Mitarbeiter rausmobben.

Was machen selbstbewusste berufstätige Frauen daraus? Das Beste. Sie versuchen, diesem Führungschaos möglichst viel abzugewinnen. Sie können viel lernen über Irreführung von Abteilungen – für den Fall, dass sie selbst aufsteigen oder als selbstständige Unternehmerinnen Menschen »führen« müssen. Also: Sie sehen, wie man es nicht macht.

Mit Vorsicht zu genießen sind übrigens auch Führungsnaturen der Marke Schublade. Nach deren Vorstellung haben auf einer Ebene sämtliche Mitarbeiter gleich zu sein, wie gleichförmige, gleichfarbige, geschmacklose Tomaten aus Holland. Der Nachteil: Niemand will sie haben. Zum Zweck der Optimierung der Arbeitswelt hat jeder Vorgang gleich zu sein, jede Person, die ihn bearbeitet, ebenfalls, ist ihre Devise. Das heißt: keine Abweichungen von der Norm. Da gibt es dann Gamma-, Beta-, Alpha-Männchen oder neuerdings auch -Frauchen.

Weiterdenken macht Erfolge überhaupt erst möglich (für einen Arbeitnehmer selbst und für ein Unternehmen). Im Zeitalter des Klonens hat aber schon das Gleichmachen bereits lebender Menschen Hochkonjunktur. Managern, die Erfolg haben wollen, sei allerdings empfohlen, daran zu denken, dass kein Mitarbeiter in puncto Verhalten dem anderen gleicht.

Besonders gestandene Frauen ab vierzig träumen von einer Berufswelt, in der Leistung der entscheidende Faktor für Erfolg und Aufstieg ist. Wenn jedoch heute in Anzeigen als Voraussetzung für die Eignung für einen Job von »belastbar« die Rede ist, hat man häufig den Eindruck: Das bezieht sich nicht auf konkrete Arbeitsabläufe, zum Beispiel auf die Erledigung von Sonderwünschen seitens der Kunden, das sofortige Beheben eines Defektes an einer Maschine, das Klingeln dreier Telefone gleichzeitig und der Teilnahme an zwei Konferenzen zu einer Zeit. Nein, man soll den Psychodruck aushalten können, der durch chaotische Personalführung, unfähige und mobbende Vorgesetzte und miese, intrigante Kollegen entsteht. Viele Firmen gleichen heute einer Arena für Gladiatorenkämpfe. Aber die Mitarbeiter sitzen nicht etwa auf den Zuschauertribünen, sondern sie stehen als Opfer in der Manege.

Wir leben im Zeitalter des Turbo-Kapitalismus, in dem der *shareholder value* alles bedeutet, der einzelne Arbeitnehmer nichts. Paradebeispiele dafür, dass die Schicksale ganzer Berufsgruppen Spielball wirtschaftlicher Interessen sind, bieten Ingenieure und Lehrer – und natürlich Ingenieurinnen und Lehrerinnen. Ist die Auftragslage für die Elektrotechnik- oder die Maschinenbau-Industrie gut oder werden Lehrer benötigt, wird für das jeweilige Studium geworben. Haben die auf diese Weise Angeworbenen ihr Studium beendet, besteht gerade kein allzu großer Bedarf. Nun werden diese Studiengänge als absolut überlaufen bezeichnet. Die unkritischen Vertreter der Medien geben diese Äußerungen ungefiltert weiter.

Die Abiturienten hätten sich in ein Studium ohne Berufschancen verrannt, wird zum Beispiel gesagt. Aus Studenten und Studentinnen werden Taxifahrer, Pizzabäcker oder Aussteiger. Einige Jahre später besteht Bedarf an diesen Berufen. Und wieder sind die Studenten schuld, die sich grundsätzlich für von der Wirtschaft nicht benötigte Ausbildungsgänge entscheiden. Nun wird der Schrei nach Fachkräften aus anderen Ländern laut. Wir brauchen Computer-Inder und wegen der fehlenden Lehrer mehr Computer für die Kinder. Dass Computer die schulischen Fähigkeiten nicht unbedingt verbessern, hat man in den USA festgestellt. Aber wir übernehmen nicht nur sämtliche Fehler der Amerikaner, wir machen sie auch noch mit deutscher Gründlichkeit.

Halt, eines übernehmen wir leider nicht: Die Alten in Amt und Würden zu halten. Die Sammelklage der ehemaligen Zwangsarbeiter im Nazi-Deutschland wurde in den USA von einer achtundsiebzigjährigen Richterin abgelehnt. Und ein Raumfahrtexperte von Ende sechzig ist dort Normalität.

Unsere kollektiv unter dem Lolita-Komplex leidende Nation lässt Personen in diesem Alter nirgendwo mehr zu. Bei uns sind Menschen von siebzig oder achtzig Jahren generell nicht erwünscht, man muss ihnen Rente zahlen (die sie selbst angespart haben), man will keine Fernsehprogramme mehr machen für sie (trotzdem müssen sie Gebühren zahlen). Sie im Berufsleben zu sehen, das wäre undenkbar. Derartige Muster aus den USA zu übernehmen scheuen unsere Führungskräfte wie der Teufel das Weihwasser.

Das System »hire and fire« sagt ihnen dagegen absolut zu. Niemand soll sich mehr an seinen Arbeitsplatz gewöhnen. Der Begriff »Betriebstreue« ist von vorgestern. Am besten sollte man den Leuten gar keinen eigenen Schreibtisch mehr zugestehen, nur noch einen Rollcontainer. Den können sie dann durch die Firmenflure schieben, auf der Suche nach einem freien Plätzchen – immer die Angst im Nacken: Morgen stehen mein Container und ich auf der Straße.

Sicher, einige Führungskräfte wollen schneller nach oben als der Fahrstuhl dort ankommt, sind zu raschem Jobwechsel bereit, um im Ferrari-Tempo vorwärts zu kommen. Nun aber sämtlichen Mitarbeitern zu empfehlen, alle zwei Jahre einen Job zu kündigen, ist in Zeiten von vier Millionen Arbeitslosen riskant.

Es sind meist subtile Methoden, die angewendet werden, um Frauen in den besten Jahren auf den Pfad zu bringen, den sie nach Meinung eines Teils der Öffentlichkeit nun beschreiten sollten: den des ganz langsamen Abstiegs. Die Medien, die Machos, die Bewahrer von Uraltmythen schubsen gewaltig, wenn Frauen ab vierzig gerade dabei sind, den Zenit des Lebens zu erklimmen, damit sie a) dort möglichst gar nicht erst ankommen oder b) falls sie relativ unbeschadet oben gelandet sein sollten, ganz schnell wieder von dort verschwinden und sich auf den Weg bergab machen, um Platz für andere zu schaffen.

Doch eine Frau mit Berufs- und Lebenserfahrung denkt nicht daran, anderen das Feld zu überlassen. Sie lässt sich nicht in Mobbing-Hochburgen fertig machen, nur um im Berufsleben bestimmte Positionen innezuhaben, sie gibt aber auch nicht kampflos auf. Manchmal beschreitet sie Umwege, um ihre Ziele zu erreichen.

Die meisten der etwa vierzigjährigen Frauen von heute wissen um die zum Teil menschenverachtenden Praktiken, mit denen Betriebe ihre Mitarbeiter traktieren, seit es Arbeitskräfte gibt wie Sand am Meer. Sie sind deshalb aber nicht entmutigt, denn sie wissen: Das »Humankapital« wird wieder knapp werden. Dann wird wieder das Zuckerbrot hervorgeholt werden statt der Peitsche. Sie durchschauen den ganzen faulen Zauber. Sie lassen sich nicht mehr einwickeln, sondern holen aus der Arbeitswelt das Beste für sich heraus.

Der Paradigmenwechsel zu besserer Qualifikation (und möglicherweise auch zu verlängerter Lebenszeit) wird zwar keinen absoluten Umschwung bringen und Millionen Menschen mittleren Alters zu Qualifizierungs-, Weiterbildungs- und Aufstiegsprogrammen verhelfen. Er wird aber einer Reihe von Personen ermöglichen, sich auf beruflichem Sektor weiterzuentwickeln oder sogar in eine höhere Position aufzusteigen.

Verfügen die meisten Frauen nun über Führungspotenzial oder nicht? Na also! Überlegen Sie: Gibt es in Ihrer Firma

Männer (oder weibliche Führungskräfte), die Frauen nicht nur als Leichtlohnpuppen betrachten, sondern ihnen etwas zutrauen? Falls Sie keine Personen dieses Kalibers ausmachen können, sollten Sie berücksichtigen: Viele große Firmen bieten heute Mentoren an, die Frauen beim beruflichen Aufstieg helfen sollen. Das sind erfahrene Kollegen oder Kolleginnen. Sie sollen den potenziellen Aufsteigerinnen ein ehrliches Feedback geben über ihre Leistungen, ihre Karrierechancen, ihnen aber auch behilflich sein, sich nicht im »Beziehungsgeflecht« zu verfangen auf dem Weg nach oben. Die Deutsche Bank, die Commerzbank, die Lufthansa und Bosch führen zum Beispiel derartige Tandem-Programme durch und kooperieren sogar auf diesem Sektor miteinander.

Wenn Sie in keinem großen Unternehmen tätig sind, kann Ihnen bei der Suche nach einer Mentorin zum Beispiel eine Interessengemeinschaft wie »Business and Professional Women Germany« (BPW, im Internet zu finden unter www.bpw-germany.de) behilflich sein.

Sollte jemand Ihnen sagen, dass es nur für Personen bis vierzig Jahre weitergeht auf dem Treppchen nach oben, dann verweisen Sie auf den Umschwung in der Wirtschaft zugunsten »älterer« Mitarbeiter. Kontakt zu Ihrer Gewerkschaft aufzunehmen und sich dort nach Förderungsprogrammen zu erkundigen, ist nun ebenfalls angebracht. Es kann nicht schaden, sich die Gleichstellungsbeauftragte Ihres Unternehmens oder Ihrer Region zumindest einmal anzuhören und Veranstaltungen im Rahmen der Frauenförderung zu besuchen. Auch wenn Sie hier Ihr Problem nicht direkt ansprechen können: Durch die Hintertür erfahren Sie eine Menge Tricks, die Frauen helfen können, ihre Karriere anzuschieben.

Wenn Sie derzeit mit Ihrem Job relativ zufrieden sind, sollten Sie trotzdem nicht auf dem Erreichten ausruhen. Prüfen Sie: Welche Seminare, Workshops oder firmenintern angebotenen Programme bringen Sie weiter? Fragen Sie bei der Personalleitung und beim Betriebsrat danach. Außerdem sollten Sie prüfen: Welche Zusatzqualifikationen wären für die Arbeit in Ihrer Abteilung von Vorteil? Da Hexen über den Tellerrand hinausschauen, sehen sie das sehr weit gesteckt. Das heißt, sie prüfen, was für sie persönlich dabei herausspringt.

Sie eignen sich Wissen an, das ihnen entweder für einen beruflichen Aufstieg bzw. für einen Wechsel zu einer anderen Firma Vorteile bringt – oder das ihnen privat etwas gibt. Hierbei ist an von Firmen angebotene Seminare gedacht, aber auch an Kurse, die Sie privat besuchen. Letztere lassen sich übrigens in der Firma gut nutzen, um Leistungswillen und Vorwärtsstreben zu demonstrieren. Klappern oder auch plappern gehört zum Handwerk. Das müssen Frauen im Berufsleben oft noch lernen. Frauen mit dem nötigen hexischen Potenzial sollten keine allzu großen Schwierigkeiten damit haben.

Dass derartige Zusatzqualifikationen durchaus auch den Weg in die Selbstständigkeit ebnen können, zeigt das Beispiel eines Mitglieds eines Betriebsrates. Er nahm über Jahre hinweg an Fortbildungskursen teil, besonders die Rhetorikkurse hatten es ihm angetan. Da es vielen Gewerkschaftern nach Meinung des Betriebsratsmitgliedes an rhetorischen Tricks fehlte, gründete er ein Zentrum für Rhetorik und die Kunst, »sich selbst zu verkaufen«. Die Gewerkschaften sind seine besten Kunden.

Wenn Sie nicht mehr zufrieden sind in Ihrem Job, wenn Sie sich vielleicht sogar gemobbt fühlen, sollten Sie gerade in dieser Situation versuchen, die beschriebenen Qualifizierungsmaßnahmen in Ihrem Betrieb durchzudrücken. Sie sollten nun verstärkt darauf achten, dass diese Kurse eher Ihnen persönlich etwas geben, als dass Ihre Abteilung davon profitiert. Sie sollten sich das aneignen, was Sie für einen Wechsel zu einem anderen Unternehmen qualifiziert oder was Sie für private Interessen nutzen können.

Wer sich zusätzliche Fähigkeiten antrainiert, wer sich nicht nur mit der Routine der täglichen Arbeitsabläufe befasst, sondern sich mit Neuem auseinander setzt und sich zusätzliches Wissen verschafft, dessen Selbstbewusstsein wächst. Ein stabiles Selbstbewusstsein ist in einer problematischen Berufsphase äußerst wichtig. Wer sich jetzt unterkriegen lässt, der traut sich eines Tages nichts mehr zu: auch nicht den Wechsel zu einem anderen Job.

Wenn sie im Job unterdrückt werden, wenn sie auf Ablehnung, Intrigen, Gemeinheiten stoßen, dann halten starke Frauen eine ganze Weile durch – zum Beispiel, weil sie ein Ziel vor Augen haben: »Zweieinhalb Jahre in diesem Laden, und ich habe einen weiteren Meilenstein auf dem Weg zur Karriere geschafft. Sollten die mir ein schlechtes Zeugnis ausstellen, gehe ich dagegen vor.«

Wer nicht ganz so stabil ist, den kriegt man oft rasch klein. Hier stellt sich dann die Frage: »Lieber auf Kosten der Sozialsysteme erst einmal gesund werden oder sich im Job krank machen lassen?« Manchmal bringt es etwas, sich durch Teilzeitarbeit aus der direkten Schusslinie zu bringen. Seit dem Jahr 2001 besteht ein Anspruch auf Teilzeitarbeit, vorausgesetzt, dies lässt sich mit den Interessen der Firmen verbinden. Vielleicht möchten Sie und Ihr Partner mehr Zeit füreinander haben? Wenn beide berufstätig sind, lässt sich überlegen, ob Sie unter Umständen etwas weniger arbeiten, mit dem Geld kommen Sie dann vielleicht trotzdem gut aus.

Wenn in Ihrer Firma nichts mehr geht und Sie keine Möglichkeit sehen, in Ihrem derzeitigen Beruf für ein anderes Unternehmen tätig zu sein, nutzen Sie eine Umschulung zusätzlich für eigene Zwecke. Überlegen Sie: Was will ich später machen, welche Fertigkeiten sollte ich dann haben? Dies kann so weit gehen, dass eine Büroangestellte mit dem Beruf einer Gärtnerin liebäugelt, weil sie demnächst aufs Land zieht und zusätzlich einen großen Garten zu versorgen hat.

Eigentlich sind geborene Individualistinnen und kreative, selbstbestimmte, mit besonderen Fähigkeiten gesegnete Frauen prädestiniert für die Selbstständigkeit. Und wer den Jahrmarkt der Eitelkeiten in den Firmen durchschaut hat, wer mitkriegt, wie die größten Nieten die Karriereleiter hochkriechen und dann mit Füßen auf alles treten, was sich unter ihnen befindet, wer sieht, dass Leistung, Talent und Fähigkeiten dem Vorwärtskommen im Weg stehen können, wem übel wird, wenn er die Schleimer hört, wie sie dem Boss nach dem Mund reden – der oder besser: die fragt sich eines Tages, ob sie ihre Kraft, ihre Zeit und ihre Energie weiterhin vergeuden soll im Kampf gegen Windmühlenflügel.

Eher stoisch veranlagte Menschen sagen sich: »Es ist halt so. Ich geh jeden Tag acht Stunden in den Laden. Sollen die doch machen, was sie wollen.« Wer eigene Konzepte und Ideen hat, andere auf Fehlentscheidungen hinweist, wer gegen Ungerechtigkeiten und Gemeinheiten rebelliert, der wird anecken, der gerät oft selbst in die Schusslinie. Er verschwendet Energien, die woanders sinnvoller eingesetzt wären, zum Beispiel im eigenen Unternehmen.

Viele Frauen spüren ab Anfang oder Mitte vierzig eine Unruhe und sind unzufrieden in ihrem Job. »Soll ich das noch zwanzig Jahre weitermachen? Gibt es nichts Sinnvolleres für mich?« Fragen dieser Art tauchen auf. Warten Sie ab, bis die inneren Stimmen sagen, wo es langgehen soll, bis sie unüberhörbar werden. Wer zu früh sagt: »Ich müsste was ändern« und sich dann eher vage für eine Möglichkeit entscheidet, der ist häufig nicht mit vollem Elan bei der Sache.

Wenn die eigenen Wünsche aber eines Tages klar und unmissverständlich werden, sind Sie auf dem richtigen Weg. Die Umorientierung kann für jede Frau etwas anderes bedeuten: Von der Ausbildung zur Heilpraktikerin oder zur Gärtnerin, vom Eröffnen eines Esoterikshops oder eines Hofladens bis hin zur Umschulung als EDV-Spezialistin können die Ziele gehen.

Wer nicht gleich den Sprung ins kalte Wasser wagen will: Sie können eine selbstständige Tätigkeit auch Schritt für Schritt aufbauen. Das heißt: Sie arbeiten noch Voll- oder Teilzeit in einem Unternehmen, bauen aber bereits ein Geschäft nebenbei auf. Ich kenne eine EDV-Spezialistin, die im Nebenberuf Weine aus ökologischem Anbau verkauft. Freitags ist ihr Weinhaus ab 17 Uhr geöffnet, samstags ganztägig. Und unter der Woche schauen die Kunden der »Weinhexe« auch schon mal abends vorbei.

Frauen, die gelassen bleiben, wenn die kleinen, aber gemeinen Spitzen zum Alter kommen, die dann nicht verschreckt den Kopf einziehen und hoffen, unsichtbar zu werden, haben schon viel gewonnen. Der größte Fehler: den Rückzug antreten. Vierzig oder darüber zu sein – das stellt in Zeiten, in denen die Alterspyramide Schlagseite bekommt, kein Problem dar. Bisher gab es mehr Jüngere als Ältere, in Zukunft wird die Zahl der Personen mittleren und höheren Lebensalters größer sein.

Das wird neue Slogans bringen, zum Beispiel: »Mit vierzig fängt das Leben erst an!« Bis es so weit ist, heißt es: durchhalten, sich nicht unterkriegen lassen. Im Job bedeutet das konkret: sich wehren gegen Machos, die Frauen danach beurteilen, ob sie als Pin-up-Girl für ihre Fotosammlung taugen. Das heißt auch: sich darüber klar werden, welche Vorteile reifere Frauen gegenüber der Gruppe junger Frauen haben, für die die Frage des Alters der von Sein oder Nichtsein gleichkommt.

Das sind die jungen Frauen, die sich praktisch ausschließlich über ihr Äußeres definieren, sich wie viele Frauen vor ihnen den Bären haben aufbinden lassen, die Jagd nach dem Märchenprinzen sei das einzig Lohnende. Und alle Frauen, die dieses Jagdfieber nicht teilen (weil sie im Erwachsenenalter sind, zum Beispiel) und sich nicht mehr auf die Fährte des TV-Pleite-Millionärs des Monats hetzen lassen, sind für die sonst gar nicht so naiven jungen Frauen von vornherein erledigt.

Von Handy-Männchen und gestandenen Frauen

Wehret den Anfängen, Hexen-Mädels! Setzt euch zusammen und kürt den absolut dämlichsten Job-Macho des Monats. Also: Mehrere Frauen notieren jede für sich die Unverschämtheiten, Übergriffe und Peinlichkeiten, die sie im Laufe einer Woche oder eines Monats im Beruf im Umgang mit Männern erlebt haben. Dann setzen sie sich zusammen, jede Frau trägt die Geschichten vor, die sie zusammengetragen hat. Und dann wird abgestimmt: Welcher Typ hat sich am meisten blamiert? Das bringt a) jede Menge Heiterkeit, b) endlich mal ein Überlegenheitsgefühl (Männer beziehen ihre vermeintliche Überlegenheit gegenüber Frauen ja auch daraus, dass sie in Männerrunden, am Stammtisch, unter Freunden, über Frauen lästern).

Mein beliebtester Macho-Horchposten ist ein abgeschlossenes Erster-Klasse-Abteil (sechs Sitze) im Regionalexpress von Lübeck nach Hamburg.

Montagmorgen, Herr S. hat sämtliche sechs Sitze besetzt – mit seinem Aktenkoffer, seinen Zeitungen, seinem Mantel, seinen zusammengefalteten Hosen, seinem Lebensmittelpaket. Er hat zwei Blazer ordentlich auf Bügeln vor die Abteiltür gehängt, seinen Mantel ebenfalls.

Ich kenne diese Tricks der Abteilbesetzung, lege die Zeitungen beiseite (seine Hosen fasse ich nicht an!) und nehme einen Sitz in Anspruch. Sein Gesicht spricht Bände: »Diese Person wagt es, sich in mein Abteil …« Wird er bereits ins Handy quäken, bevor wir die Trave passieren?

Er tut's. »Also, ich bin auf der Fahrt nach Göttingen. Morgen habe ich dann eine Vorlesung.« Braucht der Mann einen Tag und eine Nacht für die Fahrt von Lübeck nach Göttingen? So schlecht sind die Bahnverbindungen doch auch nicht! »Also, ich hätte dann morgen Nachmittag nach Ende der Vorlesung Luft. Ich hatte letzte Woche den Eindruck, dass Herr B. mich sprechen wollte. Ach, Herr B. will mich nicht sprechen?« Nächster Anruf: »Ich bin jetzt auf der Fahrt nach Göttingen. Morgen Nachmittag ist mir völlig überraschend ein Termin geplatzt. Ich hätte eine Stunde Zeit und könnte mit Dr. A. reden. Ach, Dr. A. will nicht mit mir sprechen?« Der nächste Anruf trifft die Ehefrau: »Die Termine jagen sich. Du kannst dir nicht vorstellen: drei zusätzliche Gespräche. Ich weiß nicht, wie ich das schaffen soll. Also – Donnerstag bin ich wieder da, dann beginnt unser Wochenende.«

Wann arbeitet der? Und: Endlich wissen wir, warum unsere Studenten im Vergleich zu denen in anderen Ländern viel zu lange an der Uni herumhängen. Herr S. ist nämlich Dozent in Göttingen – das plappert der Mann auch noch aus. Nächster Anruf bei der Bettgespielin: »Ich hab das alles klar gekriegt. Heute Nachmittag Zwischenstopp in Hannover. Ich kann über Nacht bleiben, trotz aller Termine.«

Ich habe in solch einem Abteil erlebt, wie ein Vertreter aus der Pharmabranche sich um seinen Kopf und ein Anwalt sich um seinen Kragen redete. Der Pharmavertreter fädelte per Handy einen Spesenbetrug ein, nannte auch gleich die Firma, für die er tätig ist. Er schilderte zusätzlich, wie er die Medizinische Hochschule in Lübeck unter Druck setzen würde, damit sie ein Seminar durchführte, in dem Medikamente seines Hauses hochgejubelt werden sollten.

Da ich für meine tägliche Arbeit viele Gesundheitsthemen recherchiere, habe ich zum Arbeitgeber des windigen Typen gute Drähte, zur Medizinischen Hochschule Lübeck ebenfalls. Also hätte ich den Pharmavertreter in die Pfanne hauen können – genau wie den Anwalt, der per Handy eine Firma aus der Dentalbranche aufs Kreuz legte. Den Männern ging es jeweils ums Abstauben, ohne etwas dafür zu tun, Sich-wichtig-Machen auf Kosten anderer, Sich-in-den-Vordergrund-Spielen, obwohl sie offenbar in der unteren Amateurliga herumkreuchten. Dass ihnen diese Frau in ihrem Abteil etwas anhaben könnte, auf diesen Gedanken wären sie anscheinend nicht im Traum gekommen.

Derartige Fälle anderen Frauen vorzutragen, sie zu diskutieren, das bedeutet, sich klarzumachen: Wir sind von Schaumschlägern und Handy-Männchen im Rumpelstilzchen-Format umzingelt und lassen uns trotzdem immer noch die Butter vom Brot nehmen. Wenn diese Männer tönen, dass Frauen ab fünfunddreißig für sie nicht mehr in Frage kommen, gibt es nur eine Antwort: »Gott sei Dank.« Bleibt aber die Frage offen: Wann gibt es endlich das Seminar »Schaumschlagen, aber richtig. Was Frauen auf dem Weg nach oben den Männern wirklich abgucken sollten: die Seifenblasen-Taktik«?

In den zwanziger Jahren köderte ein Mann eine Frau galant mit einem Luchs oder einem Nerz. Heute werden die Frauen auf andere Fährten gehetzt. TV-Sender setzen ihnen den ehewilligen, alleinstehenden Millionär des Monats vor (der sich dann meist als Pleitier mit Partnerin entpuppt). Popstars legen Frauen auf Bügelbrettern flach – und die landen dann im Playboy. Sportler treiben's mit Girls in Besenkammern, und die kassieren Millionen, wenn Nachwuchs dabei rausspringt.

Das Veröffentlichen dieser Fälle (auch wenn es nur einzelne sind, also zehn bis zwölf im Jahr) führt dazu, dass sich offenbar Hunderttausende von Frauen auf die Fährte von angeblichen Millionären, Samenspendern mit einem Bankkonto von 100 Millionen Mark und Pop-Stars mit einer Vorliebe für Bügelbrett-Sex machen. Es spricht gegen unser Bildungssystem und für die Medien der Marke Schwachsinn, wenn man die Girls heute wieder reihenweise für derart aussichtslose Jagden dressieren kann. Wenn ihr Big Spender sie nach einiger Zeit satt hat und zum nächsten Girl weiterzappt, sieht es zappenduster aus für sie.

Erwachsene Frauen sollten das positiv sehen: Diese Art Frau stellt keine ernsthafte Konkurrenz im Arbeitsleben dar. Also – Jungs und Mädels von den Medien, redet ruhig Millionen jungen Frauen ein, dass der nächste TV-Millionär vielleicht doch mal ein echter sein könnte, dann sind die hauptsächlich mit der Jagd nach einem reichen Mann beschäftigt und nicht mit der Suche nach einem tollen Job. Auf diese Art entspannt sich der Arbeitsmarkt zu Gunsten gestandener Frauen. Immer mehr Frauen glauben inzwischen offenbar ernsthaft: »Ich bin blond, das ist zwar auch nicht echt, aber für eine Karriere reicht es allemal.«

Auf zu neuen Ufern

andere
werden weiter fliegen
ich bleibe
mir ist
der wechselnde Himmel
genug

Doris Runge

Auch in privaten Bereichen, die den Frauen eigentlich Entspannung bringen, ihnen eine Chance bieten sollten, die Seele baumeln zu lassen und sie auffangen sollten, gibt es mehr Frustfallen für Frauen als Radarfallen auf Rennstrecken. Den Urlaub in einem Club für Bodyverbuilder zu verbringen, kann eine derartige Falle sein, regelmäßige Besuche in Hochburgen für Narzissten und Egoisten sowie in Szenekneipen und In-Lokalen ebenfalls.

Und sich mit schöner Regelmäßigkeit von seinen Freunden das Märchen von der nicht mehr so schönen Vierzigerin erzählen zu lassen, zählt auch dazu. An In-Plätzen, wo Faltenfreiheit, Magersucht, Waschbrettbauch und die Vernichtung auch der letzten Cellulite-Delle Eintritts- und Visitenkarten sind, kommt man zwar nicht gerade um. Man kommt sich aber häufig reichlich dumm vor.

Die Qualen, denen sich bestimmte gesellschaftliche Gruppen unterwerfen, um dünn, fit und schön zu sein, Fett ab- und Muskeln aufzubauen, zusätzliche Haare zu züchten, den Körper auf keinen Fall in seiner ihm zugedachten Form zu belassen, sich das Nasenbein zertrümmern zu lassen, um ein Stupsnäschen von der Stange hoch zu tragen – sie haben nichts mehr mit einem normalem Maß an Aufmerksamkeit für das Äußere oder mit einem Achten auf die Gesundheit zu tun. Das Herumbasteln am eigenen Bild bis zum krankmachenden Exzess ist nicht per Zufall über weite Teile der Bevölkerung gekommen – gleich einem Heuschnupfen beim Flug von Birkenpollen. Der Wahnsinn hat durchaus Methode.

Einen Urlaub im Club des kranken Körperkults zu verbringen, in den die Fun-People direkt vom Vorrösten aus dem Sonnenstudio einfliegen, das bedeutet: Fortsetzung der Marter am eigenen Körper in den angeblich schönsten Wochen des Jahres. Statt im Disko- oder im Business-Look wird nun im Bikini und in der Badehose gegeneinander gekämpft. Dass hier nackte Haut als Waffe eingesetzt wird, sich nichts mehr durch raffiniert geschnittene Klamotten wegmogeln lässt, macht den Wettbewerb noch härter.

Wer Erfahrung hat mit derartigen Urlauben, kommt oft schon völlig ausgepowert im Club an. Er weiß, dass er sich vorbereiten muss und hat deshalb bereits eine mörderharte Diät absolviert, sich im Fitnessstudio verausgabt bis zum Umfallen, um die ultimative Urlaubstaille zu erreichen, hat die Waden- und die Oberarmmuskeln bis zur Muskelfaserriss-Gefahr trainiert, sich im Sonnenstudio bräunen lassen, bis er die typische Lederhaut eines Karl-May-Helden zu Markte trägt.

Wer diese Vorleistungen nicht erbracht hat, bekommt schon mal Minuspunkte. Da im Club Körperwahn die Jahre doppelt zählen, wird zusätzlicher Terror über das im Reisepass eingetragene Geburtsdatum ausgeübt. Sind die angeblich schönsten Wochen des Jahres es wirklich wert, sich einem derartigen Stress zu unterwerfen? Wer Torturen über sich ergehen lässt, um »fit« für die Ferien zu werden, der ist oft allein schon wegen dieser Akkordarbeit am Körper urlaubsreif. Und wenn die Anhänger des krankhaften Körperkults wieder abfliegen, weil der Club-Urlaub zu Ende ist, wird sich eine Stunde nach ihrer Abreise niemand mehr daran erinnern, dass ihre Oberschenkel cellulitefrei waren. Wenn zehntausend Urlauber sich übertrumpfen wollen in puncto Outfit, Figur, Frisur, Schmuck, wenn Arroganz und Selbstverliebtheit zu den Haupteigenschaften dieser Urlauber zählen, dann fällt der Einzelne in der Masse der Selbstdarsteller kaum ins Gewicht.

Um nicht mitleidig belächelt zu werden, verbringen die meisten Frauen die Hälfte des Urlaubs im Kosmetik-, Schönheits- und Haarstudio, bei Masseuren, in Fitness- und Wellnesszentren. Ferien im versnobten Nobelort verleihen Prestige im sozialen Umfeld des Urlaubers – und zwar vor und nach den Ferien.

Frauen, die Spaß am Leben haben, wollen sich in den Ferien erholen, Neues entdecken, etwas erleben. Sie möchten auf keinen Fall im Urlaub den Kampf gegen Falten und Pfunde und die Altersphobie fortsetzen. Daher wählen sie häufig Reiseziele, in denen der Krieg gegen den eigenen Körper nicht ins Programm eingebaut ist. Oft stellen sie ihre Reiserouten eigenständig zusammen.

Da gestandene Frauen ihre Urlaube oft selbst planen und sich als Individualistinnen meist weit entfernt von Touristenpfaden aufhalten, ergibt sich die Frage: Warum organisieren Sie keine Reisen für Gruppen? Wie man eine Reise für zwei oder vier Personen plant, wissen Sie. Warum sollten es also nicht mal ein paar zusätzliche Teilnehmer sein? Dabei kann es sich zunächst um Freunde und Verwandte handeln. Sollte das Vorhaben gut laufen, können Sie sogar eine Art Mini-Reisebüro aufmachen.

Sie wollen zum Beispiel eine Wanderung zu kulturell interessanten Stätten organisieren. Als Frau mit Führungsqualitäten ist das für Sie kein Problem. Fragen Sie in Ihrem Bekannten-, Freundes- und Kolleginnenkreis, ob Interesse daran besteht. Dann sehen Sie sich entweder zunächst selbst in der Region um, die Sie besuchen wollen (Vorabchecks machen meist viel Spaß), oder Sie lassen sich von Fremdenverkehrsvereinen, Hotels und Reiseveranstaltern Informationsmaterial zusenden – und wählen dann die attraktivsten Plätze aus.

Die Vorteile: Sie können die Reisegruppe nach Ihren Wünschen zusammenstellen und müssen sich keiner vorhandenen Gruppe anpassen. Wer Personen mobbt, weil sie seiner Meinung nach zwei Jahre älter aussehen, hat keine Chance, mitzukommen. Möchten Ekelpakete teilnehmen, können Sie durchaus sagen: »Wir sind bereits ausgebucht.«

Wenn Sie Gruppenreisen organisieren, können Sie Rabatte für Anfahrten, Übernachtungen, Mahlzeiten, Führungen, Museumsbesuche, Nutzung von Sporteinrichtungen bekommen. Sie reisen also preisgünstiger.

Viele Frauen haben spätestens mit vierzig aber auch längst begriffen: Die »verrückte Herumreiserei« ist nicht immer das Gelbe vom Ei. Als solche bezeichnete eine Freizeitforscherin das Reiseverhalten der Deutschen. Sie verreisen, weil sie im Urlaub Sinn, Freizeit und Naturerfahrung suchen. Kluge Frauen wissen, dass sie das auch zu Hause haben können. Sie haben ihre unmittelbare Umgebung schon in früheren Zeiten zu Erlebnisparks gemacht und Unternehmungen auf die Beine gestellt, die viele Eventmanager vor Neid erblassen lassen.

Sie verfügen über Phantasie, Kreativität, Talent zum Improvisieren, Leidenschaft zum Experimentieren und Probieren, spielen mit Sinnlichem genauso wie mit Übersinnlichem, feiern Feste auf eigene Art, kennen spezielle Rezepte, die jede Party zum Highlight der Saison machen. Müssen Frauen dieses Kalibers sich von einem Club-Animateur erzählen lassen, wie sie die Urlaubsstunde zwischen zehn und elf rumkriegen?

Und bevor sie ihre Energien damit verschwenden, an einem mit Urlaubern überfüllten Strand einen zusätzlichen Quadratzentimeter für ihr Handtuch freizuschaufeln, erholen sie sich lieber zu Hause und entdecken die Natur – mit der Kamera, der Videokamera, oder sie notieren ihre Beobachtungen in Flora und Fauna oder verwandeln sie in Gemälde. Sie schließen sich Ornithologen, Botanikern oder Archäologen an, machen Kurztrips oder Expeditionen in idyllische Landschaften. Sie sammeln Pflanzen und Kräuter, verarbeiten sie zu Heilmitteln, zu Tees und Tinkturen für Gesundheit und für Schönheit oder sie zaubern raffinierte Speisen mit Hilfe von in der Natur gesammelten Pflanzen.

Hexen sind auf Auktionen zu Hause, auf denen Puppen aus der Vor-Barbie-Phase versteigert werden, kostbare Perlen, seltene Steine oder alte Uhren. Sie lernen, wie man die Sonne tatsächlich begrüßt: zum Beispiel mit einem dem Yoga entlehnten Sonnengruß – und nicht, indem man im Urlaubsort morgens um sechs verschlafen in die Sonne blinzelt, zum Pool schleicht und dort sein Handtuch deponiert (eine halbe Stunde später sind nämlich sämtliche Plätze weg).

Diese Frauen treten auch schon mal die Reise nach innen an, wenn die Urlaubsorte in der Hauptsaison und an sämtlichen Sonn-, Feier- und Brückentagen aus den Nähten platzen. Dazu nutzen sie fernöstliche Methoden genauso wie Tricks aus dem alten Hexenwissen.

Die Überbewertung des Äußeren, das Jungbleiben-Wollen um jeden Preis, haben dazu geführt, dass der vom Immer-jung-Bleiben träumende Dorian Gray oder der kindliche Peter Pan keine Einzelfälle mehr sind. Doriana und Dorian Gray sowie Petra und Peter Pan treten inzwischen häufiger – und oft auch gleich paarweise – auf, auch im Freundeskreis der glücklichen Vierzigerin. Dass die Medien Tag und Nacht ihre Gehirnwäsche zum Zweck der Infantilisierung der Gesellschaft fortsetzen, zeigt auch bei einigen Freundinnen und Freunden Wirkung.

Da ist dann der Mittvierziger, der an sämtlichen Wochenenden, die man im Sommerhaus an der See verbringt, als Salamander glänzt. Er legt seinen schwarzen Surfanzug mit den gelben Streifen an der Seite offenbar nie ab. Der Mann, der selten surft, hält sich in diesem Anzug für sportlich, jung, dynamisch und sexy. Der Bauch ist so gut wie weg, dass seine Schultern hängen, fällt in dem Outfit nicht so auf. »Wir mögen dich, deinen Witz, deinen Charme«, möchte die Frau ihm sagen. »Du musst doch vor uns nicht die Show vom ewigen Jüngling abziehen.« Aber sie sagt es nicht. Männer sind da halt empfindlich.

Weil der Salamander, dem Äußerlichkeiten mit jedem Lebensjahr wichtiger werden, nicht zurückgepfiffen wird, hält er sich für ganz toll und findet, dass seine Freundinnen und Freunde stärker abgebaut haben als er. Er kritisiert deren

Aussehen und sagt ihnen unmissverständlich, was sie noch dürfen. Für die weiblichen Mitglieder des Freundeskreises mündet das erstaunlicherweise häufig in Regeln, die kurz vor dem Vorschlag zur Verschleierung enden. Wenn eine Frau ab vierzig von ihren Freunden nur oft genug hört, was nun angebracht ist für sie, dann kann das fatale Folgen haben.

Diese Situation kennt jede Frau: Man wacht auf, die Welt ist grau in grau. Alles scheint sinnlos, man möchte weinen, obwohl es eigentlich keinen Anlass dafür gibt. Woher soll man die Kraft nehmen, aus dem Haus zu gehen? Warum soll man überhaupt rausgehen? Wo ist das tristeste Kostüm? Dazu die Gesundheitslatschen und nur noch kurz die Haare aus dem Gesicht zurren.

Wer das Outfit auf die Laune abstimmt, der kann diesen Tag getrost abhaken. Wer aber an so einem Morgen die Kraft aufbringt, sich richtig farbenfroh anzuziehen, die Haare frech frisiert und dann den Kopf in den Nacken wirft, die Schultern strafft und das Haus verlässt wie Hans Guck-in-die-Luft, den die da unten nichts angehen, der hat gute Chancen, dass dieser Tag ihm seine Sonnenseite zeigt.

Stellen Sie sich nun mal vor: Ihre Umwelt billigt Ihnen immer nur triste Kleidung, Gesundheitslatschen, eine Frisur wie maßgeschneidert für den Strafvollzug zu! Wann legt sich der Grauschleier wohl auch auf die Seele? Frauen sollten hellhörig werden, wenn vermeintliche Freunde – selbst noch in beste Balzgewänder gehüllt – ihnen einreden wollen, dass es nun Zeit sei für den Nonnenlook.

Wenn man darauf eingeht, ist der nächste »freundschaftliche« Vorschlag der, endgültig den Schleier zu nehmen. Freche Frauen riskieren eher mal, als Outfit-mäßig etwas »overdone« eingruppiert zu werden, als sich durch eine triste, ihnen von ihrer Umwelt eingeredete Aufmachung runterziehen zu lassen. Freunde hat man zwar angeblich fürs Leben, aber wenn Freunde dazu beitragen, dass wir den Spaß am Leben verlieren, dann kann es angebracht sein, sie auf der Reservebank zu parken.

Manchmal ist es sogar ratsam, einen ganzen Freundeskreis zu wechseln. Ich habe das einmal unfreiwillig und einmal freiwillig getan. Es hat mir in beiden Fällen eher Vor- als Nachteile gebracht. In ferner Zeit, in der ich bedingungslos an die große Liebe glaubte, die Vorhersehung, die Macht des Schicksals, lebte ich mit einem Journalistenkollegen zusammen, dessen Clique aus Machos in Reinkultur bestand: Redakteure, Werbe-Fachleute, PR-Profis trafen sich nach dem Job an den Brennpunkten des Nachtlebens. Fast jeder von ihnen verfügte über eine Ehefrau und eine Freundin. Die Freundinnen wechselten häufig, ab und zu auch mal eine Ehefrau. Ich wollte den Spagat schaffen, Partnerin und Geliebte gleichzeitig zu sein, und bemerkte in meiner Naivität gar nicht, dass ich längst in die Rolle der zu Hause Wartenden abgedrängt worden war.

Meinen eigenen Freundeskreis hatte ich für meine große Liebe weitgehend aufgegeben. Als die Beziehung nach vielen Jahren endgültig in die Brüche ging, lagen in Scherben: mein Selbstbewusstsein, mein Selbstvertrauen, der Glaube an meine Fähigkeiten überhaupt. Dass ich mich unausstehlich fand, mein Aussehen für nicht mal mehr zufriedenstellend hielt, ist eigentlich logisch.

Ich drosselte mein Privatleben auf Sparflamme, stürzte mich in den Job und baute in meinem beruflichen Umfeld einen Freundeskreis auf. Das waren zum großen Teil journalistische Kolleginnen und Kollegen. Abends waren wir an den In-Plätzen zu Hause, sausten von einem Event zum nächsten. Natürlich schrieb jeder von uns die besten Geschichten, machte die besten Interviews und lieferte die tollsten Fotos aller Zeiten. Es gab aber in jedem der Verlage, für die wir tätig waren, Ignoranten, die das nicht zu würdigen wussten. Wir bauten uns gegenseitig auf, zogen unsere Showprogramme ab und waren rasch Mittelpunkt vieler Veranstaltungen.

Dann wurde ich ernsthaft krank, und das passt nicht in eine Clique von *happy people*, die Erfolg und Bewunderung zu ihren Lebenszielen erkoren hat. Ich sah, dass man durchaus ohne mich weitermachen konnte und habe mich zurückgezogen. Dass der Freundeskreis mir viel gebracht hat, wurde mir nach und nach klar. Ich hatte unbewusst Net-Working in Turboform betrieben: Weil mein privates und mein berufliches Umfeld fast identisch waren, hatte ich jede Menge der »richtigen« Leute kennen gelernt und Kontakte geschlossen, die sich später zum Teil als Volltreffer erwiesen. Mein Zirkel hatte – bei aller Ausrichtung auf den Spaßfaktor – durchaus auch ernste Ziele verfolgt. Wir organisierten Vorträge und Info-Abende für Journalistenkollegen, gründeten einen Arbeitskreis »Frauen und Gesundheit«, der Macho-Medizinern auf die Finger sah. Dadurch hatte ich – ohne es zu beabsichtigen – viele wichtige Leute kennen gelernt.

Nachdem ich dann feststellte, dass in einem Kreis von *happy people* kein Platz ist für eine Person mit gesundheitlichen Problemen ernsthafter Art, habe ich mich an den Wochenenden ans Meer zurückgezogen – zunächst, um Kraft zu tanken, dann aber auch aus Freude am Entdecken neuer Ziele. Das betraf sowohl die Natur als auch die zwischenmenschlichen Beziehungen. Ich wurde Mitglied einer bunt zusammengewürfelten Clique aus bodenständigen Einheimischen, Aussteigern, Einsiedlern, Wochenendurlaubern aus den Städten, Unternehmern vor Ort. Hier zählte nicht für den Erfolg des Wochenendes, ob das Galamenü bei Viehauser umwerfend gewesen war, ob man die begehrte Einladung ins Vier Jahreszeiten bekommen hatte.

Hier war es wichtig, sich nicht als Großstadt-Zicke aufzuspielen. Ich lernte durch meine neuen Freunde, mich (und vor allem meine journalistische Tätigkeit) nicht mehr so wichtig zu nehmen. Ich habe hier draußen die Ruhe und die Ausgeglichenheit gefunden, die ich zum Schreiben brauche. Ein Ausgrenzen aus Altersgründen gibt es hier kaum. Im Winter ist man oft froh, wenn genügend Personen für eine Gesprächsrunde zusammenkommen. Wer es ablehnt, auf bestimmte Altersgruppen einzugehen, sieht hier ganz schön alt aus. Er muss mit sich selbst reden.

Freunde sind wichtig. Sie sind ein Gegenpol zum Job, in dem inzwischen erstaunliche Eigenschaften dominieren: Arroganz gekoppelt mit Unfähigkeit, Aggressivität verbunden mit Ahnungslosigkeit, Überheblichkeit in Kombination mit Tölpelhaftigkeit. Sobald aber die Computer-Chip-Mentalität der eiskalten Jobstrategen in den privaten Freundeskreis eindringt, ist Vorsicht geboten. Wird der zur Fortsetzung der beruflichen Kampfarena, dann halten Abwerten, Ausgrenzen, Lächerlichmachen, Herabsetzen oft Einzug in die eigenen vier Wände. Das heißt: Das Mobbing hat in leicht abgewandelter Form Ihr Privatleben erreicht.

Auch daran sind Medien und Werbung nicht unschuldig. In wie vielen Werbespots zum Beispiel wird der Neidfaktor voll ausgespielt. Besser zu sein als die anderen, schneller, frecher, erfolgreicher, schöner, jünger als sie, sie auszutricksen, abzuhängen, lächerlich zu machen – das sind die Ziele, die bereits den Jugendlichen eingeimpft werden, und die nicht nur bei infantilen Erwachsenen auf fruchtbaren Boden fallen. Das Auto der S-Klasse fahren (vom Munde abgespart, fast nur Spaghetti gegessen), die Urlaubsreise in den Nobelort (mit hohem Neid-Potenzial verbunden, dort aus Sparsamkeitsgründen hauptsächlich Spaghetti gegessen), den Garten mit dem Rollrasen auslegen lassen (idiotisch, aber man zeigt, dass man es nicht nötig hat, zu warten, bis das Gras von selbst wächst), die Liste der – elegant gesagt – Image-bildenden Möglichkeiten ist unendlich lang.

Sobald die Schaumschläger auch im Privatleben unausgesetzt die Werbetrommel für sich selbst rühren (und ihre Mitmenschen runtermachen müssen, um selbst zu glänzen), ist folgender Kurs angesagt: »Schaumschlägern aus dem Weg gehen. Zehn ultimative Tipps, wie es auch auf engstem Raum klappt, zum Beispiel, wenn sie im Nachbarhaus wohnen.« Wenn Mobbing-, Egoisten- und Angeberviren ins Privatleben Einzug halten, heißt es: Den Freundeskreis auf ein gesundes Maß zusammenschrumpfen lassen, bis man mit Menschen zusammen ist, die über den Dingen stehen, mit Ironie und Witz auf die Tücken des modernen Lebens eingehen, die sich um den Durchblick bemühen (und dann häufig auch über den Jugendwahn lästern können).

Oasen des Hexenlebens

Es gibt unterschiedliche Auffassungen davon, wie der Begriff »Hexe« entstanden sein könnte. Das Wort »geht auf das altdeutsche ›hagzissa‹ zurück, in dem zumindest der Wortbestandteil ›hag‹ (Zaun) eindeutig zu bestimmen ist«, so ist im *Kleinen Lexikon des Hexenwissens* zu lesen, »›Zissa‹ könnte mit dem norwegischen ›tysja‹ (Elfe) zusammenhängen. Gemeint wäre also ein Wesen, das sich in Hecken oder auf Zäunen aufhält, wobei Letzteres im übertragenen Sinn zu verstehen ist.

Der Zaun umhegt das Reich des Menschen und bildet somit die Grenze zwischen der geordneten, wohlbehüteten Welt und der chaotischen Wildnis, dem Reich der Geister und dämonischen Wesen. Anders als gewöhnliche Menschen stand die Hexe mit beiden Welten in Verbindung, denn für ihre Zaubereien benötigte sie die Hilfe der Geister und Pflanzen, die außerhalb der Gärten wuchsen.«

In der Zeitschrift *Naturheilpraxis* gibt es aber auch diese Schilderung: »Stellen wir uns die altnordische ›Hagazussa‹ einmal als weise Frau vor, die einst den Hag hütete, jenes verwunschene Naturheiligtum, das von Hagedorn sowie Hagerose begrenzt und von Hagebuchen beschattet war.«

Wenn man sich den »Hag« als umzäuntes und sanft beschattetes Refugium vorstellt, dann ist den Frauen in der Lebensmitte heute durchaus zu empfehlen, nach einem Ort des Rückzugs, einer Insel im allgemeinen Chaos, einem Fixpunkt, einer Oase zu suchen. Den kann sie natürlich mit Partner, Kindern und eben auch mit echten Freunden teilen.

Sich im Hag behaglich einzurichten, bedeutet nicht, sich aus dem Leben zurückzuziehen.

Hexen waren zu allen Zeiten neugierig, wissbegierig, haben experimentiert und Neues ausprobiert. Aber der Informationsmüll, die Versuche der Beeinflussung – von der subtilen Gehirnwäsche bis zum Dauergewitter plumper Werbesprüche –, der Dreck, den der Strom des Lebens häufig ausgerechnet vor unsere Tür kippen möchte, kann den Wunsch aufkommen lassen, einen Platz ganz für sich zu haben, die Tore dichtzumachen, die Türen fest zu verschließen und ab und zu eine Auszeit zu nehmen.

Der Hag ist idealerweise ein Garten. Wer sich einlesen möchte in die Welt von Heckenrose, Weißdorn und Hainbuche: Berühmte Autorinnen (die gleichzeitig Gärtnerinnen waren) haben wunderschöne Bücher über das Gärtnern und seine positiven Auswirkungen auf die Psyche geschrieben, zum Beispiel Vita Sackville-West. Einige heutige Autoren gehen ebenfalls intensiv auf die Seele ein (s. Literatur).

Häufig muss es für den Rückzug dann gar nicht der eigene Garten sein. Mit Hilfe von Büchern dieser Art eine andere Welt zu betreten, sich für eine Weile zurückzuziehen, kann schon viel bedeuten.

Einen Platz ganz für sich zu haben, das Ausklinken an den Wochenenden, wird für Frauen besonders wichtig, wenn sie immer häufiger das große Gähnen überfällt, sobald sie auf einer Vernissage, einer Party, einer Einweihungs- oder Abschiedssause, einer Hochzeits- oder Scheidungsfeier, dem Event der Woche, dem Gala-Dinner des Monats stehen, sitzen oder wie auch immer ausharren.

Je erwachsener eine Frau wird, desto seltener lässt sie sich von den Medien, durch Anzeigen oder Freunde, die es nicht besonders gut mit ihr meinen (»Da musst du hin!«), in irgendwelche Pseudo-Promi-Läden locken. Sie möchte kein Füllmaterial mehr sein für hochgeschriebene Lokale mit unverschämten Kellnern, weiblichen Bedienungen, die sich am liebsten mit ihrer eigenen Alters- (bis 25) und IQ-Gruppe (um 60) umgeben und nicht in dieses Raster passende Gäste am liebsten aus dem Lokal ekeln würden. Sie möchte sich nicht mehr mit Fertigfraß abfüttern lassen, für den Spitzenpreise verlangt werden, und von Gästen genervt werden, etwa Personen der Marke Protz-Prolo mit Rolex, Goliath-Macho mit Spatzenhirn und dümmlichen Barbie-Puppen.

Der Hag ist die Stätte, an der sie Tätigkeiten nachgeht, die sie ausfüllen, die ihr Spaß machen. Ideal ist für die Wochenenden der Rückzug aufs Land (wo dann der Hexengarten wachsen kann), aber auch im Trubel der Großstadt kann eine Frau einen Ort des Rückzugs, der Besinnung, die eigene Insel kreieren.

Im Hag zu leben bedeutet nicht, dass Hexen sich völlig zurückziehen. Aber sie trennen die Spreu vom Weizen, wenn es um Zusagen für Partys, den Kauf von Karten für ein angebliches Super-Mega-Event geht, das Wahrnehmen von Terminen halb beruflicher, halb privater Art. Häufig bleibt nur Spreu übrig – und was machen die Hexen dann? Klar: Neuen Zielen entgegenfliegen. Sie sind nämlich früher auch nicht immer im Hag geblieben, wie wir aus ihrer wechselvollen Geschichte wissen.

Die Zukunft beginnt mit einer Vier

Was all die angeblich so klugen Experten mit einer Macht verdrängen, die man ihnen fast als psychischen Defekt ankreiden muss, ist die Tatsache: Ein Mensch passt sich in seinem Empfinden, seinem Erleben, seinen Wünschen und Zielen der Lebensphase an, in der er sich gerade befindet. Die Seelenlage, die Gefühle und Wertvorstellungen sind auf die jeweilige Lebenszeit eingestellt. Eine innere Uhr sorgt dafür, dass wir im Prinzip im Einklang mit sich anbahnenden Ereignissen leben.

Veränderungen psychischer Art werden so weich abgefedert, dass wir nicht etwa ins Bodenlose fallen, sondern uns damit arrangieren. Unsere ratschlagenden Experten nehmen sich gern einen Menschen von dreißig Jahren zum Vorbild. Was der als Highlights, Fixpunkte, Sensationen, Glücksmomente, Ziele ansieht, das wird nun zum Nonplusultra für ein wunderbares Leben erklärt.

Da Menschen, die älter sind, einige dieser Ziele nicht mehr ansteuern können, müssen sie todtraurig sein, in Depressionen verfallen, kreuzunglücklich werden, schlussfolgern die Experten – und liegen damit falsch. Viele Menschen wollen bestimmte Ziele gar nicht mehr ansteuern, sie wollen nicht mehr hinter den Dingen herrennen, die man ihnen vor die Nase hält und in der Sekunde wegzieht, in der sie zugreifen wollen. Viele sind ganz froh, dass sie gewisse Erlebnisse hinter sich haben – und nicht mehr vor sich.

Die Natur meint es besser mit den Menschen als die meisten Experten. Sie hat eigene Konzepte der Anpassung an die jeweilige Lebensphase entwickelt, die – im Gegensatz zu den schnellen Theorien, mit denen wir täglich verschreckt werden sollen – sich in Jahrtausenden bewährt haben. Die Natur baut die Hormonkonstellationen um, es wird zum Beispiel nicht alle naslang ein Feuerwerk an Hormonen entzündet, das dann rasch abgefackelt und zum Scheiterhaufen wird, um noch einmal vom Strohfeuer der Liebe zu reden.

Durch weiches Abpuffern, sanftes Umleiten führt sie zu neuen Wegen, anderen Interessen. Man rennt nicht mehr gegen jede Wand, nicht mehr jedem Mann hinterher, nicht mehr den Marktschreiern nach. Die Panik, die Depressionen drohen eher Personen, die sich – gerade von außen – einreden lassen, dass sie mit aller Macht gegen diese Phase ankämpfen müssen, dass die Ziele, die sie mit dreißig für wichtig befunden haben, auch heute noch ihre Ziele sind.

Wer mit Medikamenten, Spritzen, Skalpelleinsatz, Extremfitness gegen seine Lebensphase vorgeht oder sich zum Kampf dagegen anstacheln lässt, der ist eher gefährdet. Besser ist es, diesen Abschnitt daraufhin abzuklopfen, was er einem selbst bringt.

Warum sagt uns eigentlich so selten jemand, dass man in den Vierzigern und auch danach in eine ganz angenehme Lebensphase kommt – vorausgesetzt, man lässt sich nicht gegen seine eigene Altersgruppe aufhetzen? Weil es vielen gesellschaftlichen Gruppen nicht in den Kram passt. Und das Begraben von Vorurteilen ist ein schwieriges Geschäft in angeblich aufgeklärten Zeiten. Die Fun-Gesellschaft schätzt Begräbnisse nicht.

Bei sich ankommen

Vor vielen Jahren rätselte ich mit Freunden während einer Silvesterfeier, wie wir wohl den Jahreswechsel zum Jahr 2000 verbringen würden. »Da bin ich ja schon ziemlich alt!«, dachte ich. »Da interessiert mich doch nichts mehr, auch keine Jahrtausendfeier!«

Als dieser Jahreswechsel dann anstand, hatte ich zwei wirklich tolle Projekte in Arbeit. Ich bereitete sie voller Begeisterung vor, arbeitete sogar an den Tagen zwischen Weihnachten und Neujahr daran. Und am Silvesternachmittag sagte mir der ultimative Mann in meinem Leben ganz leise etwas ins Ohr. Das war wirklich nur für mich gedacht, und deshalb erzähle ich es auch nicht weiter. Aber es hat mich sehr glücklich gemacht.

Über die naiven Vorstellungen, die ich im jugendlichen Alter über die Vierziger und die Jahre danach gehabt habe, lächele ich heute. Ich bemitleide das arme Mädel von damals fast ein bisschen, das sich so viele Schauergeschichten hat aufschwatzen lassen.

Natürlich gibt es Personen, die aus ihrem Umkreis am liebsten alle Personen über dreißig rausmobben möchten. Man kann ihnen aus dem Wege gehen. Man nimmt diese Versuche der Ausgrenzung auch nicht allzu wichtig. Die Psyche hat sich einen wunderbaren Puffer zugelegt. Noch mal so sein wie die? Lieber nicht. Und ständig mit ihnen zusammen sein möchte man auch nicht unbedingt.

Vor einigen Jahren habe ich zum allerletzten Mal die Panik erlebt, die auftreten kann, wenn eine Liebe schlagartig zu enden droht. »Ich kann nicht eine Sekunde länger in dieser Wohnung sein. Ich muss hier raus. Ich war hier so glücklich!«, dachte ich schluchzend. Ich plante innerhalb von fünf Minuten, die Wohnung sofort zu inserieren, auf der Stelle meinen Job zu kündigen (ich konnte auch in dem Ort nicht mehr leben, in dem ich so glücklich gewesen war).

Ich wollte den Tischler von nebenan bitten, schon mal ein paar Möbel in seine Werkstatt zu schleppen (ich konnte auch die Möbel nicht mehr sehen, weil sie Zeugen meines Glücks gewesen waren). Da ließ der Chef meines Lieblingslokals mir ausrichten, sie hätten frische Gänseleber, das sei doch meine Leidenschaft. Ich bin hingefahren, habe aber dann eine Riesenportion Gänseleber zurückgehen lassen, denn natürlich konnte ich in dem Lokal, in dem ich so glücklich gewesen war, keinen Bissen zu mir nehmen. Ich wollte überhaupt nie mehr etwas essen, ich wollte verhungern, an Liebeskummer sterben.

In den folgenden Jahren kam – ohne dass es mir wirklich bewusst wurde – eine friedlichere Gangart in meine Einstellung zur Liebe. Mein Körper hatte einen Gang niedriger geschaltet, alles verlief ruhiger. Das geschieht so behutsam, so vorsichtig, dass man es kaum registriert. Neulich habe ich zu meinem Partner gesagt: »Wenn du gehen würdest, könnte ich damit leben. Ich würde zwar sehr traurig sein, aber es würde mich nicht mehr umbringen.« Da habe ich gewusst: »Es hat sich geändert.« Und ich muss sagen: Ich bin nicht unzufrieden darüber.

Ich werde auch nie mehr versuchen, eine Lovestory zu starten, wenn der Angebetete nicht will. Neulich habe ich auf einer Party einen meiner Ex-Angebeteten getroffen. Ich wäre um ein Haar auf ihn zugegangen und hätte gesagt: »Es tut mir Leid, dass ich dir damals nachgelaufen bin.« Wahrscheinlich hätte er sich aufgebläht wie ein Pfau kurz vorm Radschlagen und gönnerhaft gesagt: »Ist schon okay, man kann es ja verstehen.« »Du warst es nicht wert«, hätte ich geantwortet. Aber das hätte mir wieder mal das »Zicken-Etikett« eingebracht, und deshalb habe ich den Mund gehalten.

Die aufmerksamen Blicke der Männer beginnt man anders zu sehen. »Wenn du in Ruhe arbeiten willst, solltest du dir die Pelzstola nicht umhängen«, dachte ich, als mich in der Halle eines Hotels ein männliches Wesen in ein Gespräch verwickeln wollte. Er war Personaltrainer, der große Unternehmen darin schult, wie sie ihre Leute reinlegen. Für Tipps dieser Art bin ich dankbar. Also hatte sich das Umlegen der Pelzstola doch ausgezahlt.

Nach meinem vierzigsten Geburtstag wartete ich einige Jahre lang jedes Jahr zu Beginn der Sommersaison darauf, dass mein Körper sich als Strand-untauglich erweisen würde. Ich sehnte diesen Zustand nicht herbei, ich legte durchaus Wert darauf, in präsentabler Form schwimmen oder am Strand spazieren zu gehen. Nur war mir von allen Seiten angekündigt worden, dass es mit der Figur nun bergab gehen würde. Die Hautdicke würde ab, der Leibesumfang zunehmen. Ich würde runzlige Arme bekommen, mein Busen würde schrumpfen.

Nachdem ich ein paar Jahre lang auf die massiven Veränderungen wartete – und jeweils nichts allzu Gravierendes feststellte –, erreichte ich die Phase, in der mir klar wurde, dass man mich in die Altersangst-Falle gelockt hatte. Ich erwog kurzfristig eine Art geistige Sammelklage: Viele Frauen von Anfang vierzig schließen sich zusammen und protestieren dagegen, dass man versucht, ihnen jeden Sommer zu versauen.

Noch vor fünf oder sechs Jahren hätte ich mich schwarz geärgert: »Warum kriegt ausgerechnet diese blöde, unfähige, arrogante Kuh den Job? Die wird zwanzig Leute tyrannisieren, einen Schuldenberg anhäufen, ein Chaos verursachen.« Heute weiß ich, dass im Berufsleben Logik und Leistung seltener anzutreffen sind als Hochstapelei und Wichtigtuerei. Wer die Tricks durchschaut, wer weiß, dass Leistung sich oft nicht lohnt, dass eine objektive Bewertung von Qualifikation oder Nicht-Qualifikation seltener stattfindet, als dass ein Freitag auf einen 13. fällt, der macht sich seinen eigenen Reim.

Auch in dieser Frage belächele ich die junge Frau, die ich mal war, und die zu Beginn ihrer Laufbahn einen Streik der Sportredakteure provozierte. Ich wollte unbedingt über Sportereignisse berichten, die Redakteure wollten in ihrem Ressort aber keine Frau sehen. »War es die mühsamen Kämpfe wert, die ich ausgefochten habe?«, denke ich manchmal. »Nur um letztendlich zu resignieren, weil das System eher dich knackt, als dass du irgendetwas änderst?« Aber dann sehe ich die positive Seite: Ich habe mir im Job viele Fähigkeiten antrainiert, ich habe Wissen und Qualifikationen erworben, ich habe mich weiterentwickelt.

Früher sah ich noch manchmal mit Sorge gewissen Konferenzen entgegen, hatte ein mulmiges Gefühl, wenn ich ein wichtiges Interview machen sollte, bekam Magendrücken, wenn ich eine Fotoproduktion präsentieren sollte. Jetzt fühle ich mich sicher. Jetzt weiß ich, dass ich mich auf mich verlassen kann.

Dabei ist meine Geschichte nicht wirklich anders als die von so vielen anderen Frauen. Ihre Quintessenz lässt sich einfach auf den Punkt bringen: Beginnen Sie so früh wie möglich mit dem richtigen Leben. Ob mit dreißig, vierzig oder fünfzig: Führen Sie kein Stellvertreterleben nach den Maßstäben der anderen. Setzen Sie eigene Maßstäbe, und riskieren Sie etwas, wenn Sie Ihre Ziele erreichen wollen. Es lohnt sich.

Die Autorin

Maren von Pluta war viele Jahre als Redakteurin bei der »Hamburger Morgenpost«, »Für Sie« und »Vital« tätig, wo sie über Gesundheits- und psychologische Themen schrieb. Von ihr sind bisher vier Bücher zu Gesundheits- und Frauenthemen erschienen.

Die Autorin lebt und arbeitet in Hamburg und Sierksdorf.

Literatur

Barrett, Marilyn: Ein Garten für die Seele. Der Garten als heilender Ort, München: Scherz 2000

Berckhan, Barbara: So bin ich unverwundbar. Sechs Strategien, souverän mit Ärger und Kritik umzugehen, München: Kösel 2000

Blajan, Daniel: Sonnentau und Goldregen. Geheimnisse eines ländlichen Gartens, München: Piper 2001

Hess, Uta: Die Ich-Gesellschaft. Vom Umgang mit Egozentrikern, München: dtv 2000

Hoffman, Kay: Charisma-Training für Frauen. Die inneren Stärken zeigen, München: Hugendubel/Sphinx ²1999

Hutchinson, Marcia Germaine: Ich bin schön – Workshop für ein positives Selbstbild, Kreuzlingen/München: Ariston 1999

Kast, Verena: Abschied von der Opferrolle. Das eigene Leben leben, Freiburg: Herder 1998

Mindell, Phyllis: Starke Frauen sagen was sie wollen, München: Hugendubel/Sphinx 2000

Sackville-West, Vita: Mein Sommergarten, Frankfurt am Main: Schöffling 1998

Sackville-West, Vita: Mein Garten, München: Piper 2001

Schlumpf, Elisabeth/Werder, Heidi: Immer für andere da? Wege aus der Überverantwortlichkeit, München: Kösel 2000

Wardetzki, Bärbel: Weiblicher Narzißmus. Der Hunger nach Anerkennung, München: Kösel ¹²2000